New The Best Use Textbook of Taping

改訂版 正しく効果的に巻ける！

テーピングの新しい教科書

アスレティックトレーナーマスター

石山修盟

JN015487

日本文芸社

C O N T E N T S

PART ⑤ **腕部**………**185**

Column

本書の特徴

本書では、テーピングを自分で巻く初心者から、スポーツ選手やトレーナーの方まで、幅広く活用できるように解説しました。まずは、テーピングの基本の巻き方から始まり、PART2 から PART5 は部位別に紹介しています。症状に合った巻き方と、その症状での応用テーピング、巻き方のコツなど、この一冊があれば、テーピングが必要になった場合に対応することができます。

● 部位別の症状
部位別にケガや症状を紹介しています。

● 症状
症状に応じて痛みの原因を図解入りで紹介しています。症状がわかれば、より適切な処置をすることができます。

● 動画で巻き方を確認
本書の内容の一部は、巻き方が動画で確認できます。該当ページにある QR コードをスマートフォンやタブレットのカメラやバーコードリーダー機能で読み取り、動画を再生してください。

● テープの巻き方
巻き方がわからなくなった場合は、すぐに基本の巻き方に戻れるよう、対応するページ数を表示しています。

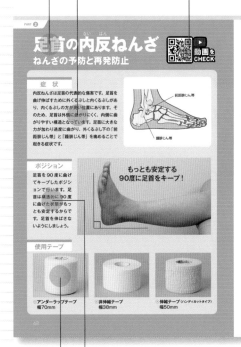

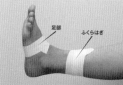

● ポジション
テーピングを巻く際の正しい姿勢を紹介します。このポジションで巻くことが、とても大切です。

● 使用テープ
ここで使用するテープの種類や幅です。

● テープの色
本書では、テーピングの巻き方の手順を見やすくするために、一部の手順で白色以外の色付きのテープ（ピンク色と黒色）を活用しています。

テーピングの
目的

テーピングの目的は
ケガの予防と再発防止、
応急処置後の固定だ!

運動をするとき、ねんざなどのケガ
を怖がってしまい、思い通りに、思
いっ切り体を動かすことに不安はあ
りませんか?　その不安を取り除く
優れもの。それがテーピングです。

傷害から体を守り、痛みや不安を取り除く

傷害は、スポーツなどにおける外傷「突発的なねんざ」や「脱臼」などと、障害「慢性的な関節や筋肉の痛み」や「オスグッド痛」「テニスヒジ」などに分けられます。

筋肉や骨、関節に大きな力がかかると、骨折、脱臼、ねんざ、打撲、肉離れなどが起こります。また、同じ動作を繰り返すことで、使いすぎによる疲労性の傷害、例えば疲労骨折が起きることもあります。テーピングは、これらの症状の予防・緩和、また

は再発防止のために行うもので、体を思い切り動かすために欠かせないツールです。

また、ケガをした直後に患部を固定、圧迫して、腫れや内出血などによる症状の悪化を防ぐためにも効果を発揮します。

他にも、ケガから復帰までのリハビリテーションにおいて、機能回復のサポートのために施されたり、医師による治療のサポートとしても使われます。

3つの目的

1 ケガの予防

ケガをしやすい部位にあらかじめテーピングをしてケガを防ぐ

2 ケガの再発防止

ケガをした箇所の悪化と再発を防ぐ

3 応急処置後の固定

ケガをした直後、患部を固定・圧迫して悪化を防ぐ

2つの医療サポート

1 リハビリテーション

ケガから復帰までの機能回復時のサポート

2 治療

医師による治療のサポート

テーピングの効果

最大の効果は
関節の可動域を制限し
患部を圧迫して
痛みを軽減すること!

テーピングには、たくさんのメリット、
効果があります。テーピングの正しい
知識を知ることで、より効果的なテー
ピングを身につけることができます。

テーピングをすれば不安なく体を動かせる

テーピングによって得られる効果は、主に5つあります。

1つ目は、関節の可動域を制限して、ねんざや脱臼を予防したり、ケガをしている場合であれば悪化や痛みを防ぐことです。2つ目は、患部を正常な状態に固定し、治りやすくします。3つ目は、傷害で弱くなっている部位のサポートとして、人工的な「じん帯、腱」の役目となります。4つ目は、ケガをした直後に患部を固定・圧迫して、腫れや内出血の広がりを防ぎます。圧迫することで、打撲や肉離れなどの痛みを和らげることができます。5つ目は、テーピングをすることで、不安なく体を動かせるようになることです。スポーツシーンでは、精神

的な支えとなり、プレーに集中できる状態へ導くことにもつながります。

テーピングは、正しい巻き方をすることで、肉体的にも精神的にも大きな効果をもたらします。ただし、どんなに優れたテーピングも決して万能ではないことを知っておいてください。いくら熟練の技術でテープを巻いても、また個人個人に合わせたアレンジができるようになっても、テープを巻きさえすれば、ケガをしない、痛みは出ないというわけではありません。

大切なのは、効果を最大限に利用するための正しい知識と方法をしっかりマスターすることです。

5つの効果

1 関節の可動域を制限

ねんざや脱臼などの痛みを防ぐ

2 患部を正常な状態に固定

患部を正常な状態に保持し、傷害が治りやすくする

3 人工的なじん帯・腱の役目

ケガなどで弱くなっている部位のサポートをする

4 固定・圧迫し、痛みを緩和

患部の腫れや内出血の広がりを防ぎ、また、肉離れなどの痛みを和らげる

5 精神的な支え

不安なく体を動かせるという、安心感を持つことができる

テーピングを
巻くときのポイント

部位の状態や
ケガの程度を確認し
基本を忠実に守る!

正しい知識と方法を守ることがテーピングの大切なポイントです。テープを巻く前にすること、巻くときの基本を覚えて、効果的なテーピングをします。

テーピングを巻く前の確認事項

テープを巻く前に、巻く部分の状態やケガの程度を確認しておきましょう。そして、目的に応じて、テープの種類とサイズを選びます。外傷や感染がある場合は、処置を行ってからテープを巻くようにします。

テープを巻く際には、巻く部位の汚れを取り除き、清潔にして乾燥させます。必要に応じて体毛を剃り落とすこともあります。そして、皮膚のデリケートな部分は、ガーゼやパッド、アンダーラップで保護しましょう。

テーピングを巻くときの基本「PHW」

テープを巻くときは、「P」「H」「W」の3つを常に頭に入れておきましょう。

P = POSITION・正しい姿勢
H = HOW・正しい巻き方
W = WAY・正しい方向

テープを巻くときの姿勢が悪いと、テープにシワが寄ったり固定が不安定になった

りして、テーピングの効果が落ちます。また、テープを正しく扱い、正しい手順と方向で巻かないと、テーピングの意味がありません。巻くときのテンションにばらつきが出ると、皮膚のトラブルや血行障害などの原因にもなります。正しい知識と方法をしっかりマスターすることが大切です。

テーピングの注意事項

❶テープを巻く部位は清潔にする

❷擦り傷、切り傷は事前に絆創膏などで処置する

❸体毛はテーピングの効果を下げるので、可能な限り剃毛する

❹粘着スプレーはなるべく使用する

❺皮膚の保護のためにアンダーラップを使用する

❻摩擦の生じやすい箇所にワセリンパッドを当てる

❼各部位に合った正しい方法とテープを選ぶ

❽たるみ、シワ、スキ間を空けず一定の張力で貼る

❾テーピング直後に循環・神経障害の有無を確認する

❿血流阻害や皮膚障害の原因となるので
　運動後は速やかにテープを剥がす

テーピングの強度を決定する方法

❶テープの本数　❷テープの種類

❸テープの引っ張り力　❹関節の角度

テープの種類

テープを巻く部位の状態や特性、求めるテーピングの
効果に応じて、テープの種類やサイズを選びましょう。
テープは伸縮性のあるなしで大きく2種類に分けられます。
ここでは、市販されているテープと
その特徴を紹介します。

非伸縮テープ

伸び縮みしない基本のコットンテープ

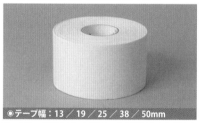

◉テープ幅：13／19／25／38／50mm

もっとも一般的なテープです。伸び縮みしないことを
生かし、しっかり固定して動きを制限し、圧力を加えら
れます。一般的に綿製のテープ（ホワイトテープ）は、
水分を含むと若干伸びる性質があり、水分に強いレー
ヨンのテープもあります。

伸縮テープ

伸縮性を生かしソフトに固定するテープ

◉テープ幅：25／50／75mm

伸縮性があるテープ。支持力、圧迫力、弾力性に優れ、
体の各部にフィットしたソフトな固定が可能で、復元性
もあります。ヒザや肩、ヒジなど可動域の大きな部分
や関節に使用します。

伸縮テープ（ハンディカットタイプ）

ソフトな質感で仕上げに使いやすいテープ

◉テープ幅：25／50／75mm

ソフトな伸縮性を持つテープで、通常の伸縮テープよ
りも固定力はマイルドです。指先で簡単に切れるのが
特徴です。テーピングの仕上げとなる、オーバーラッ
プとして多く使用されます。

アンダーラップテープ

皮膚の保護のために巻く非粘着性のテープ

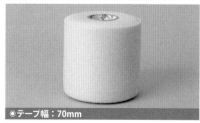

◉テープ幅：70mm

ウレタン製で伸縮性があり、柔らかく肌触りがソフトな
テープです。皮膚が弱い部分や、体毛のある部分の
保護のために、テーピングの最初に巻きます。粘着ス
プレーと併用するのが一般的ですが、テープ全体の固
定力はやや弱まります。

筋肉サポートテープ
人工の筋肉・腱としてサポートするテープ

◉テープ幅：25／38／50／75mm

筋肉や皮膚と同じ程度伸縮するため、筋肉やじん帯、腱に沿って使います。筋肉の動きを補強し、疲労や痛みを軽減できるのが特徴です。保持力と通気性に優れた布製で、台紙を剥がしながら巻いて使います。

粘着性の強い伸縮包帯
広い範囲を保護できる粘着性のあるテープ

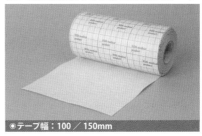

◉テープ幅：100／150mm

広い範囲を保護できる、強い粘着性のある素材のテープです。ヒザや肩など大きな部位のアンダーラップテープでの代用として主に使います。テーピング全体の保持力と固定力を高めることができます。

デニバン
固定と筋肉サポートテープに兼用できるテープ

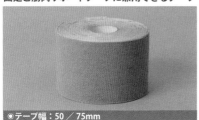

◉テープ幅：50／75mm

デニム生地で作られており、伸縮性は筋肉サポートテープ程度ですが、強度があり固定力が高いという特徴があります。固定目的と筋肉サポート目的の両方で使えます。自分で手早く巻くのに適しています。クレーマージャパン社の商品です。

オムニダイナミック
耐水性のある全方向伸縮テープ

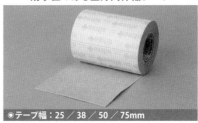

◉テープ幅：25／38／50／75mm

雨天や水中での競技のときや、汗をかきやすい部位でもしっかりした固定力を発揮する、耐久性のある伸縮テープです。縦と横に伸縮するため、屈曲部にもフィットしやすい特徴があります。日東メディカル社の商品です。

自着性テープ
皮膚の弱い部分に効果的な非粘着性テープ

粘着成分がなく、かぶれやすい部位や体毛の多い部位に使いやすいテープです。巻いて重ねると繊維同士が絡み合って固定され、頭部などの出血止めの包帯の代用として便利に使用できます。水に濡れてもズレにくい特徴があります。

◉テープ幅：25／50／75mm

ビニールテープ
テープの剥がれを防止する耐久性の高いビニールテープ

◉テープ幅：各種

テーピングの最後に一周巻いて仕上げると、テープの剥がれを防止でき、固定感がいっそう高まります。水に強く、雨天の場合や汗をかきやすい部位に使用すると良いでしょう。

その他の用具

テーピングに必要な、
テープ以外の用具を紹介します。
これらの用具を機能的かつ、
効果的に使いこなすことで、
テーピング効果がより高まります。

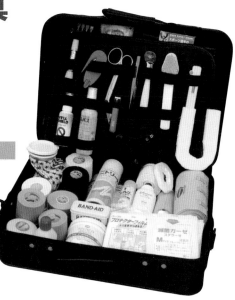

トレーナーバッグ

テープや様々な用具など、テーピングに
必要な専用用具を機能的に整理・収納で
きる専用バッグです。アスレティックトレー
ナーは必ず持っており、手際の良い作業
をするための生命線です。

ハサミ

先が丸く、皮膚を傷つけないテーピング専用のハサミ
です。巻いたテーピングを取り外すときや、テープを
切るときに使用します。

テープカッター

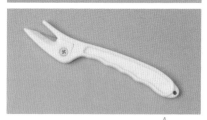

巻いたテーピングと皮膚の間に差し込み、裂け目を作
ってテープを取り除く、専用のカッターです。自分で
切るときに使いやすいです。

伸縮包帯（バンテージ）

厚みがあり、ソフ
トな素材で伸縮
性の高い包帯
です。オーバー
ラップやRICE
処置（P43参
照）の際に使用
します。

パッド

患部を圧迫したり、クッション性を持たせて患部を保護
するために使用する、スポンジ製のパッドです。U字
型やドーナツ状に切って使います。厚さは3種類です。

粘着スプレー（タックスプレー）

アンダーラップテープを巻くまえに、または各種テープの粘着力を高めるために使います。直接皮膚やアンダーラップテープの上に吹き付けます。

粘着除去スプレー（リムーバースプレー）

テープの粘着力を弱めるスプレーで、テーピングを剥がすときに、テープに吹きかけて使います。

冷却スプレー（コールドスプレー）

打撲やねんざなどのケガをした際の応急処置で、患部を冷やすために使うスプレーです。

ワセリン

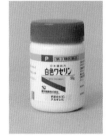

皮膚のデリケートな部分や、過敏な部分を保護する軟膏です。ヒールパッドなどのパッドやガーゼに塗って使用するほか、ハサミやカッターに塗るとテープがスムーズに切れます。

足台

ヒザ関節にテーピングをする際に、姿勢を正しく保つために使う台です。

外反母趾用パッド

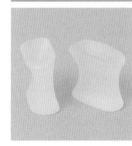

外反母趾のテーピングをする際、親指と人差し指の間に挟んで使います。ジェル製で、親指の位置を矯正して柔らかく固定できます。

ヒール＆レースパッド

テーピングをする際に、皮膚の弱い部分や、関節などの大きな部分の保護に用います。

ヒールカップ

テーピングと併用してカカトに使用することで、着地するときの衝撃からカカトを保護します。

テープの取り扱い

テーピングの効果を高めるためには、正しい手順とテープを巻く方向が大切です。
滞りなくスムーズにテープを操り、患部に的確に巻いていくための
基本的な扱い方を紹介します。

テープの持ち方・巻き方

末梢から中枢へ向けて巻く

適度な長さに引き出して、巻き始めるとシワにならず、きつく締めすぎることも防げます。体の末梢から中枢（体の中心）に向かって巻くのが原則です。

中指を芯に入れて持つ

テープは、芯の穴を縦にし、写真のように先端が手前側から出てくる向きに持ちます。利き手の中指、または人差し指をテープの芯の穴に上から入れ、親指を使って軽く挟みます。

テープの切り方・裂き方

左右に引っ張る

両手の間にスキ間ができないように

両手の親指をくっつけて裂く

両手の親指と人差し指で、テープの上の端を持ち、テープの端の糸を切るように左右に引っ張って裂きます。両手の指の間をできるだけくっつけると裂きやすいです。

利き手でテープの端を押し切る

両手の親指と人差し指でテープの上の端を持ち、利き手の親指でテープの端を押し出すように切ります。

✕ テープをねじってはダメ！

テープをねじるようにして切ろうとすると、テープ同士がよじれてしまい、きれいに切ることができません。

テープの剥がし方

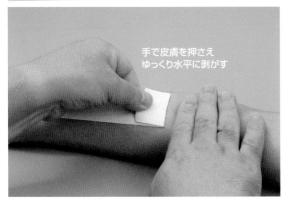

手で皮膚を押さえ
ゆっくり水平に剥がす

皮膚を押さえながら
水平にゆっくり剥がす

テープを剥がしていく部分の皮膚を
手で押さえながら、テープを折り返
して患部の皮膚と平行にゆっくり引
いて剥がします。体毛の根元から先
端方向へ、患部をなめるように剥が
しましょう。

✕

上に引っ張ってはダメ！

患部の皮膚に対して直角に上に引っ張
るように剥がすと、皮膚が伸ばされ体
毛も引っ張られて痛みが生じてしまい
ます。また、毛並みに逆らって剥がす
と、強い痛みをともない、体毛が抜
けてしまいますので注意しましょう。

コツ 剥がれにくいときは
粘着除去スプレーを使う

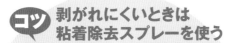

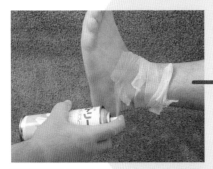

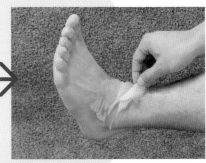

手作業で剥がしきれない部分に、まんべんなく粘着除
去スプレーを吹き付けます。量は軽く湿り気を持たせ
る程度で良いでしょう。

すぐに成分が浸透し、粘着スプレーの粘性を弱めるので、
簡単に手で剥がすことができます。かぶれやすい人は、
剥がしたあとにスプレーの成分を拭き取りましょう。

ハサミでテープを切る

骨に当たらない方向にハサミを差し込んで切る

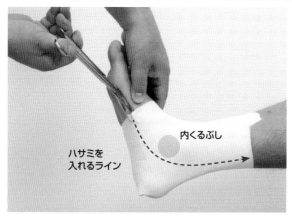

ハサミを
入れるライン

内くるぶし

1

足首の場合は、内くるぶし側の方がハサミの先を差し込みやすいです。差し込むハサミの先端にワセリンを塗ると、スムーズに切り進めることができます。

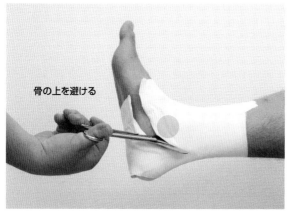

骨の上を避ける

2

ハサミはくるぶしの下を通し、突起部分や骨の上は避けましょう。突起部分の脇にはスキ間があるので、そうした部分を利用してハサミを入れます。

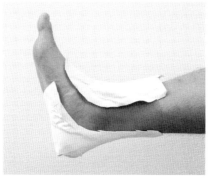

3

皮膚を傷つけないようにハサミを進ませて切ります。テープを切り終わったら、毛並みに沿って剥がしていきます。

カッターで切る

ハサミで切り込みを入れてから
カッターで切り進める

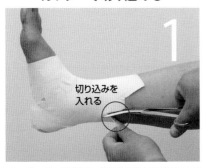

切り込みを
入れる

テープカッターを使うと、比較的安全に剥がすことができます。ただし、テープの端は硬いので、ハサミを使って切り込みを入れます。

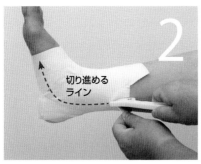

切り進める
ライン

入れた切れ目にカッターの刃を合わせ、刃先を前に押すようにして切り進めます。刃先を浮かせると皮膚を傷つけないで切ることができます。

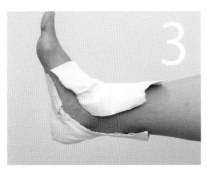

カッターを使うときも、やはりくるぶしなど突起部分の脇のスキ間を利用して切り進めます。

自分で切る

自分で切るときはカッターを使い
刃先を浮かせて切る

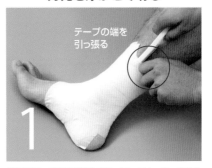

テープの端を
引っ張る

自分でテープを剥がすときは、テープカッターを使うと簡単にできます。すねの内側にカッターの刃を滑り込ませ、テープの端を引っ張りながら刃を進めます。

切り進めるライン

刃先を少し浮かせ、ゆっくり押し切る感覚で切り進めます。滑りが悪い場合は、ワセリンを塗ると良いでしょう。

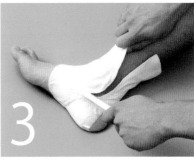

くるぶしなどの突起部分の上を通らず、その脇のスキ間へ刃先を進めていくとスムーズに切れます。

アンダーラップテープの扱い方

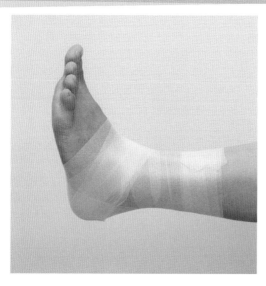

皮膚を保護したいときに患部全体に最初に巻くテープ

テープを巻く部位全体の皮膚を保護するために、アンダーラップテープを巻きます。巻くときは、アンダーラップテープをやや引き伸ばしながら巻くと良いでしょう。心臓より遠い方から、近い方へ巻くのが原則です。巻き方は足関節の場合、内くるぶしからフィギュアエイト、ヒールロック、サーキュラーの順で巻きます。

筋肉サポートテープの使い方

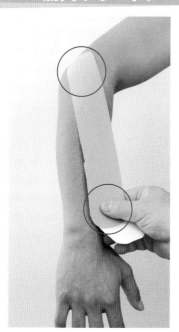

テープの角を丸く切って使用する

筋肉サポートテープは、貼る前に必要な長さに切り取ります。また、テープの角を丸く切ってから使用しましょう。そうすることで、テープが剥がれにくくなります。

テーピングの
基本

最初と最後に巻く基本中の基本
アンカーテープ

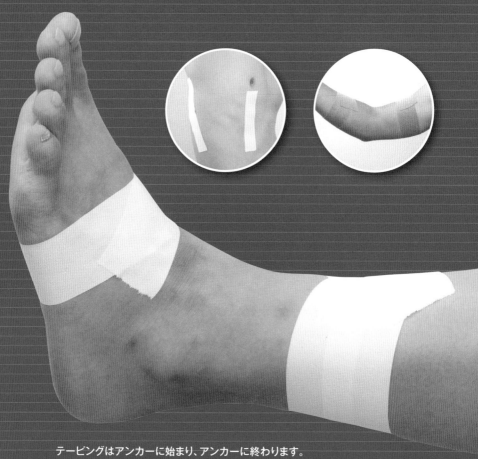

テーピングはアンカーに始まり、アンカーに終わります。初めに巻くことで、テーピング全体の土台とします。通常は患部を挟むように、これから巻くテープの始点と終点に巻きます。効果を確実にするために、最後にも仕上げとして巻きます。アンカーはテーピングの効果を左右する最初の大事なテープですので丁寧に巻きましょう。

テープの巻き方　使用テープ:非伸縮テープ

1　足首を例にします。くるぶしの 10cm 程度上で、ふくらはぎの筋肉にかからない位置に巻きます。テープのズレを防ぐために筋肉に少し力を入れます。ふくらはぎのカーブに合わせて巻きましょう。

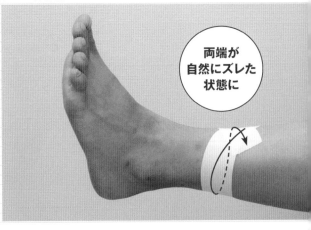

両端が
自然にズレた
状態に

2　確実に固定するため、2 〜 3 本巻いておきます。テープの幅の 1/2 〜 1/3 を1本目のテープに重ねてふくらはぎ側にズラして巻いていきます。3本目も同様にふくらはぎ側にズラして巻きます。

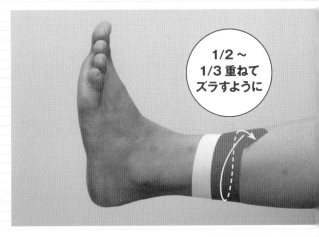

1/2 〜
1/3 重ねて
ズラすように

3　足部のアンカーは土踏まずの中央に巻きます。立ち上がって体重を乗せると足部の幅が広くなります。決して締め付けず、ズレないようぴったりと密着させて巻くことが大切です。

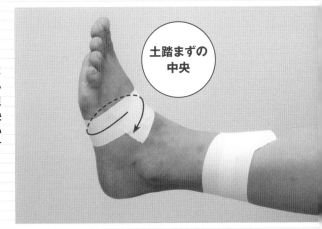

土踏まずの
中央

動きの制限や圧迫という目的を直接担当する

サポートテープ

テーピングの目的は、患部の特定方向の動きを制限したり圧迫することです。それを直接的に担っているのがサポートテープです。サポートテープは、動く方向に沿って巻くことになるため巻く向きも決まってきます。原則的に、末梢から中枢方向に巻きます。部位や症状、サポートの種類によって使うテープの種類も異なります。

テープの巻き方　スターアップ「平行」・足首の縦サポート
使用テープ:非伸縮テープ

1
ふくらはぎのアンカーの位置から足の裏に対してテープを直角に通し、アンカーの反対側まで巻き上げます。1本目は、テープのつま先側の端が内くるぶしの一番高いところを通るように巻きます。

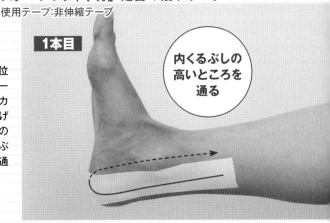

1本目

内くるぶしの高いところを通る

2
1本目を基準に、カカト側に1/2～1/3ズラしながら重ねて巻きます。足首を伸ばす、曲げる、ひねる動きを強く制限できます。

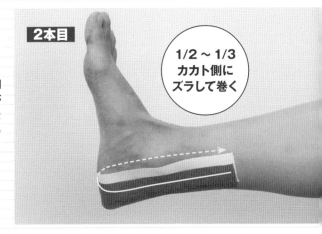

2本目

1/2～1/3カカト側にズラして巻く

3
3本目は、1本目に対してつま先側に1/2～1/3ズラしながら重ねて完成させます。
※写真は足の外側から見た場合。

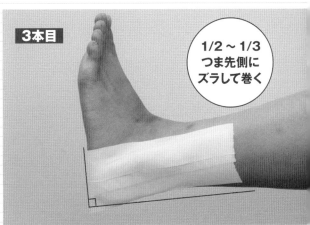

3本目

1/2～1/3つま先側にズラして巻く

※内反ねんざには内から外に引っ張りながら巻き、外反ねんざには外から内に、もしくはカカトから内・外へ同じ力で引き上げながら巻いて動きを制限します。

テープの巻き方　スターアップ「扇状」使用テープ:非伸縮テープ

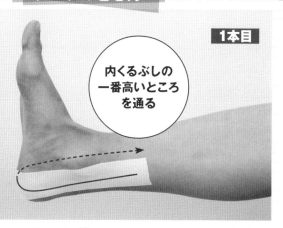

1本目

内くるぶしの一番高いところを通る

1　数本のテープを扇状に巻く、足首のスターアップ。平行に巻く方法より、足首の曲げ伸ばしの動きは比較的制限が緩やかになります。1本目は平行と同じで、テープのつま先側の端が内くるぶしの一番高いところを通るように巻きます。

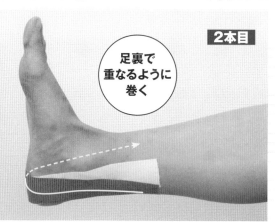

2本目

足裏で重なるように巻く

2　2本目は、カカト側にテープ1本分ズラした位置から巻き始めます。足裏は1本目と同じ場所を通し、反対側は1本目より、つま先側にズラして巻き終わります。

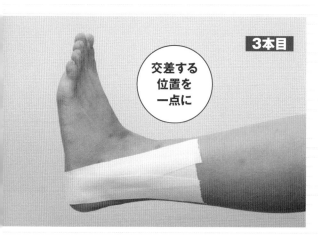

3本目

交差する位置を一点に

3　3本目は、スタートをつま先側にテープ1本分ズラします。足裏の同じ場所を通し、逆側はクロスするようにカカト側にズラして「扇」を作ります。
※写真は足の外側から見た場合。

※内反、外反の動きをしっかり制限するよう、テープを引っ張りながら巻き、ふくらはぎのアンカーに確実に巻きましょう。

テープの巻き方 　水平サポート「太ももの場合」 使用テープ:非伸縮テープ

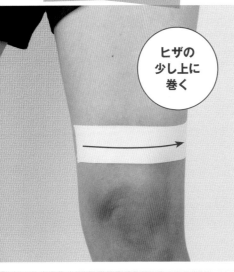

ヒザの
少し上に
巻く

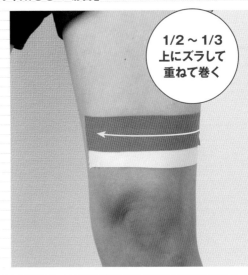

1/2 ～ 1/3
上にズラして
重ねて巻く

1　太ももの水平サポートの場合、1本目はヒザの少し上に、太ももの内側から外側に向かって巻きます。

2　1/2 ～ 1/3 上にズラしながら、外から内へ重ねて巻いていきます。テープはほぼ平行で OK です。

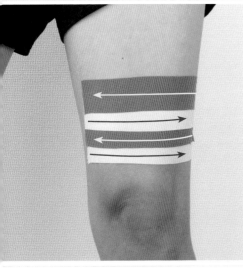

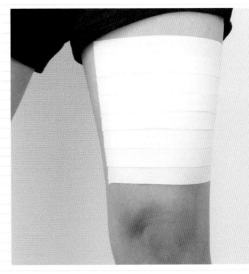

3　3本、4本と、上に 1/2 ～ 1/3 ズラしながら数枚重ねて巻くことにより、患部を圧迫します。

4　患部を完全におおったら完成です。

テープの巻き方 | Xサポート「ヒザの内側の場合」 使用テープ:伸縮テープ

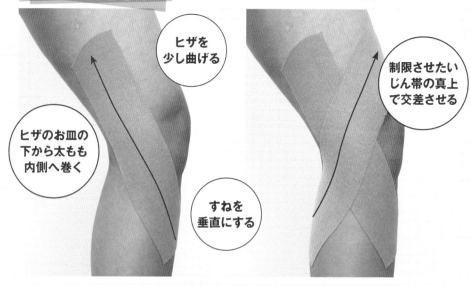

ヒザを少し曲げる

制限させたいじん帯の真上で交差させる

ヒザのお皿の下から太もも内側へ巻く

すねを垂直にする

1 サポートしたい部位に、2本のテープを交差させてXの字にします。ヒザを少し曲げてすねを垂直にして、ヒザのお皿の下（末梢）から、ヒザの内側を通して太ももの内側（中枢）に向けて巻きます。

2 2本目は、ふくらはぎ側からヒザの内側を通して、お皿の上まで巻いて1本目と交差させます。サポートしたいじん帯の真上で、2本のテープの中央が交差することがポイントです。

巻き方のコツ

太ももを圧迫して痛みを軽減 使用テープ:非伸縮テープ

太もものXサポートは圧迫が主な目的です。太ももの内側から外側へ斜め上に向かって巻いていきます。次に左右対称になるように外側の下から内側の斜め上に向けて巻き、これを繰り返して数枚重ねていきます。

交差部が患部に重なるように巻く

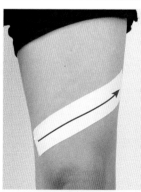
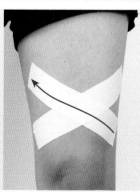

テープの巻き方　縦サポート「ヒザの内側の場合」 使用テープ:伸縮テープ

ヒザを少し曲げ、すねを垂直にして貼る

ヒザ下から上に向かって真っすぐ貼る

巻き方のコツ
バタフライテープで固定力を強める

縦サポートとＸサポートを合わせて「バタフライテープ」と言います。固定力を強め、患部の動きを確実に制限できます。交差部分が患部の中心になるようにしましょう。

縦サポートは、じん帯の機能を補強するために、人工のじん帯となるよう、じん帯の上に伸縮テープを巻きます。ヒザの内側をサポートする場合は、下から上に真っすぐ巻きます。

テープの巻き方　スプリット「ヒザ関節の場合」 使用テープ:伸縮テープ

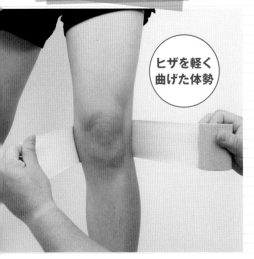

ヒザを軽く曲げた体勢

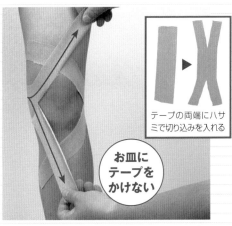

テープの両端にハサミで切り込みを入れる

お皿にテープをかけない

1 軽く曲げたヒザの裏側に、引き出したテープの中央をあてがいます。テープの長さの基準は、両端を裂いた状態で先端がアンカーに届く程度です。※写真はアンカーを省略。

2 テープの両端を裂いて上下に開きます。テープを引っ張りながらお皿の上と下を通して固定します。写真では省略していますが、下に巻くＸサポートや縦サポートをおおって安定させたり、ヒザを圧迫することができます。

サポートテープを安定させる

ホースシュー

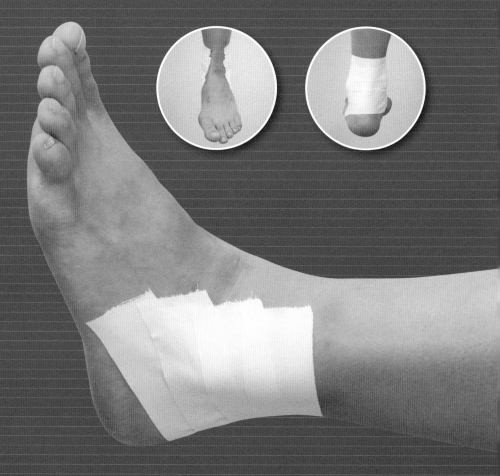

患部の動きを制限するテーピングをサポートテープと言います（P24参照）。足首のテーピングでは、「スターアップ」がサポートテープです。そのスターアップの固定力を安定させるためにホースシューを巻きます。ホースシューで、テープが皮膚から浮き上がりやすい状態を防ぎ、皮膚に密着させて固定力を安定させます。

テープの巻き方　使用テープ：非伸縮テープ

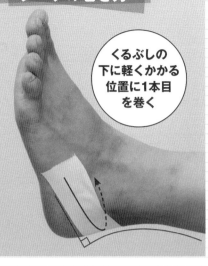

くるぶしの下に軽くかかる位置に1本目を巻く

1 アキレス腱に対して直角に、足首を後ろから包むようにUの字型（馬蹄型）に巻きます。テープをピンと張りながら巻くことがポイントです。

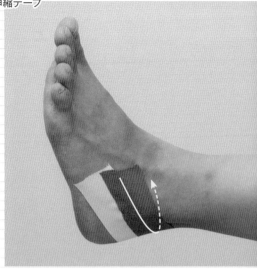

2 1/2〜1/3ほど上方にズラして2本目を重ねて巻きます。

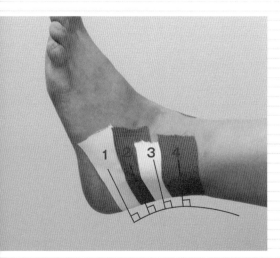

3 2本目の上に、3本目、4本目と同じ要領で、1/2〜1/3ズラしながら重ねて巻きます。アキレス腱に対して直角に、カーブに合わせて巻くことで1枚1枚が扇型に両端に広がります。これが直角でないとテープの片端がアキレス腱に食い込んでしまいます。

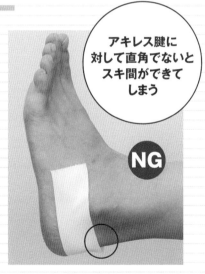

アキレス腱に対して直角でないとスキ間ができてしまう

NG

アキレス腱に対して直角ではなく足の裏に対して平行に巻いてしまうと、テープの片端がアキレス腱に食い込んだり、上端が浮いてテープが折り重なってしまいます。その結果、皮膚のトラブルにつながりますので注意しましょう。

患部全体を1周させサポートを安定させる

サーキュラー

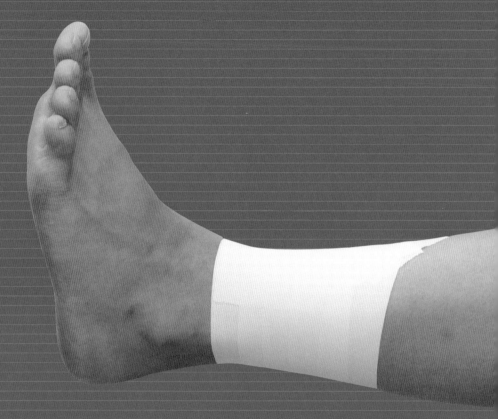

足首のテーピングでは、ホースシューがくるぶし上まで来たら、サポート力を安定させるため、ふくらはぎのアンカーまでサーキュラーを巻きます。患部全体をぐるっと巻き上げるよう1周させて前で重ねます。終点はふくらはぎのアンカーに重なるところ。アキレス腱からふくらはぎにかけてのラインに直角に巻くため、テープは扇型に広がります。

テープの巻き方　使用テープ：非伸縮テープ

1　くるぶし上まで巻いたホースシューに続けて巻くため、サーキュラーの1本目は下端がくるぶしの頂点にくるようにします。テープを1周させます。

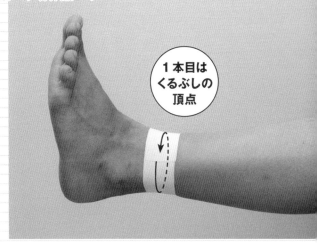

1本目は
くるぶしの
頂点

2　2本目以降は、テープを上に1/2〜1/3ズラして1本目のサーキュラーに重ね、ふくらはぎのアンカーに向かって数本巻き上げます。ふくらはぎのカーブと直角になるように巻けば、すねの前側が少しずつ広がる扇型になります。シワやたるみを持たせず、密着するように重ねて巻きます。

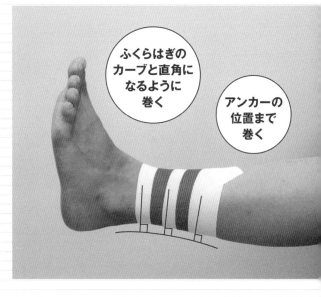

ふくらはぎの
カーブと直角に
なるように
巻く

アンカーの
位置まで
巻く

巻き方の コツ　体のラインに直角にすると シワにならずに巻ける

慣れるまではテープを適度な長さに引き出してから巻きます。テープの真ん中を、ふくらはぎの裏から当て、ラインに直角になっていることを確認しながら足首を1周し交差させます。

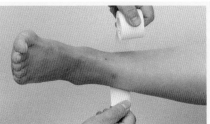

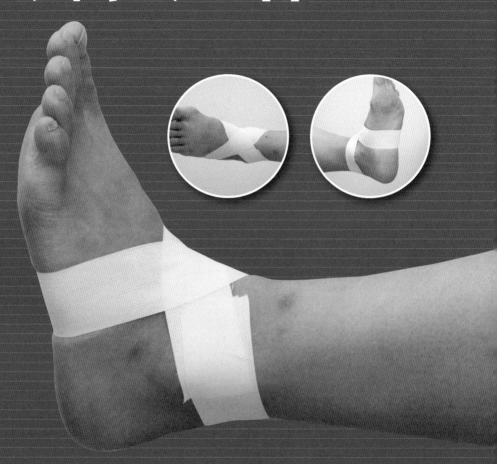

「8の字」を描くように巻いて関節の動きを制限する
フィギュアエイト

フィギュアエイトとはサポートテープの一つで、1本のテープで関節を「8の字」のように繰り返し巻き、関節の動きを制限したり、安定性を高めるテーピングです。巻くポイントは、「8の字」を描いたあとに、巻き始めた位置に正しく戻ってくること。繰り返し何周か巻くために必要なことです。

主に使われる部位　足首（足関節）／手首（手関節）／ヒジ関節／ヒザ関節

テープの巻き方

フィギュアエイト「足首の場合」
使用テープ:非伸縮テープ

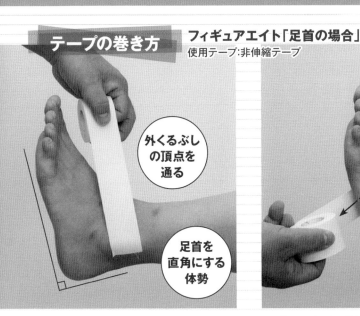

外くるぶしの頂点を通る

足首を直角にする体勢

足のカーブに沿って巻く

足首の中央

1 足首の内反ねんざの場合、内にひねることとつま先が伸びることを制限します。巻き始めは、テープの下端が外くるぶしの頂点を通るようにします。

2 外くるぶしからテープの中央が、足首の中央を通るように前を横切ります。足のカーブに沿って、土踏まずを直角に下がり、足の裏を真横に横切るように巻いていきます。

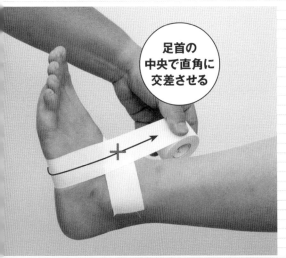

足首の中央で直角に交差させる

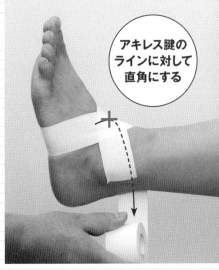

アキレス腱のラインに対して直角にする

3 テープが足裏を真横に横切り、足の外側に出たら、足の外側のラインに対して直角に、足の甲側に向かって巻いていきます。足首の中央でテープ同士が交差すれば、スムーズに巻き重ねていけます。

4 テープが足首の中央で交差したあと、内くるぶしとアキレス腱の後ろを通してスタート位置に戻ります。

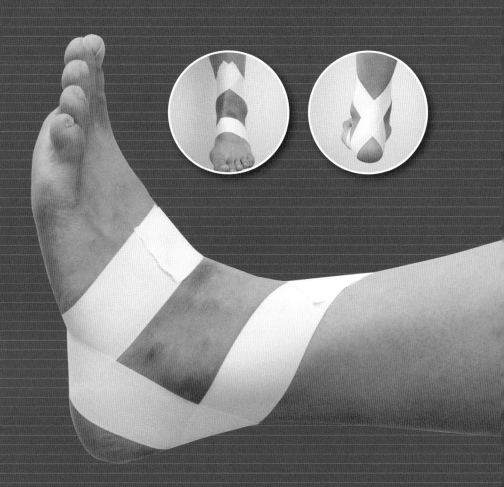

足首の動きを制限、安定させるサポートテープ

ヒールロック

カカトの骨を、外と内から均等に引っ張り、中間位置に保てば足首が安定します。ヒールロックでカカトを安定させ、ねんざの痛みや不安を取り除きます。ヒールロックは内反と外反というひねる動きを制限できます。テープの本数によって方法が変わりますが、本書では2本を使う「ハーフヒールロック」を紹介します。

テープの巻き方　使用テープ：非伸縮テープ

― 1本目 ―

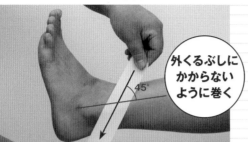

外くるぶしに
かからない
ように巻く

45°

1 1本目は、スタートで外くるぶしにテープがかからないよう、45度の角度でアキレス腱の下部に向かいます。上端は上方に自然に巻きます。

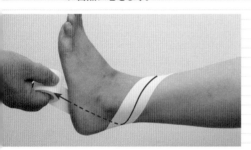

2 カカト上部の、足首の一番細くなっているところを通します。カカトの内側を包み込むようにして足の裏へ向かいます。

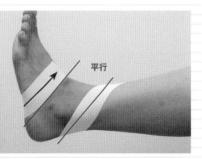

平行

3 足の裏を横切って、カカトの外側から足の甲へ向かってらせん状に巻いていきます。巻き始めのテープ部分と平行になるようにします。

― 2本目 ―

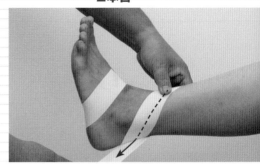

4 2本目は、1本目と左右対称に巻いていきます。内くるぶしの上方を通し、アキレス腱の下部に向かって巻いていきます。

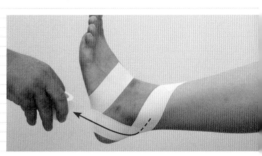

5 カカトの外側を通して、足裏から足部の内側に向かって巻いていきます。

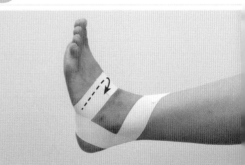

6 1本目と同様、足の甲まで巻いたら終了です。足の甲の中央で2本のテープが重なるように巻きます。

ねじりの動きを制限する
スパイラル

らせん状に巻き上げ、ねじる動きをコントロールするのがスパイラルテープです。巻くポイントは、関節の中心の裏側をテープの真ん中が通るようにすることです。外旋と内旋を制限するときは1方向に巻き、どちらの方向のねじれにも対応させるには、2本のテープを左右対称に巻いていきます。

主に使われる部位
足首／ヒザ関節

テープの巻き方　スパイラル「ヒザの場合」 使用テープ：75mmの伸縮テープ

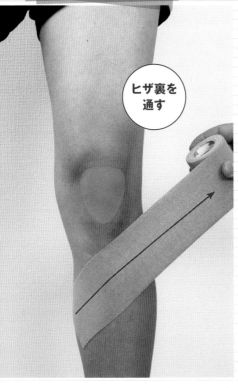

ヒザ裏を通す

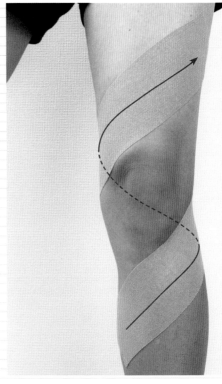

1 すねの内側からヒザのお皿の下部に向かってテープを通し、ヒザの外から裏へ巻いていきます。ヒザの裏側の中心をテープの中央が通るようにします。

2 太ももの内側からヒザのお皿の上側を通し、太ももの前を斜めに巻き上げます。太もも外側まで巻いたら終了です。足のラインに沿って巻くため、前方から見ると2つのラインが平行になっています。

巻き方の
コツ

足先が内側に動くことを制限する 足首のスパイラルテープ

足先のアンカー（写真では省略）である小指側からスタートします。テープの上半分を外くるぶしにかけるようにして、足首の後ろを通します。内くるぶしの上を通過させて、ふくらはぎ側のアンカーまで巻いたら終了です。

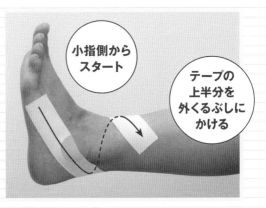

小指側から
スタート

テープの
上半分を
外くるぶしに
かける

39

テーピングの最後に保護のために巻く

オーバーラップ

テーピングを巻き終わり、最後に
ハンディカットタイプの伸縮テープ
を使って仕上げとして巻くのがオ
ーバーラップです。伸縮テープを
軽く伸ばしながら巻くことで適度
な圧を加えつつ、テーピング全体
を外部の力から保護し、テーピン
グの緩みなどを最小限にし、効果
を持続させます。広い範囲に重ね
ながら巻いて仕上げていきます。

テープの巻き方

末梢から中枢に向けて巻くのが原則

オーバーラップには、伸縮テープだけでなく伸縮包帯を使ってもOKです。巻くポイントは、末梢から中枢に向けて巻くことです。部位の形状に逆らわずに、1/2～1/3ずつズラしながら重ねて巻いていきます。

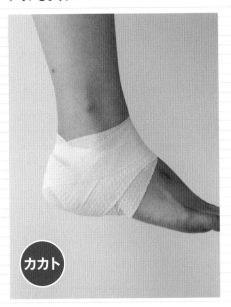

カカト

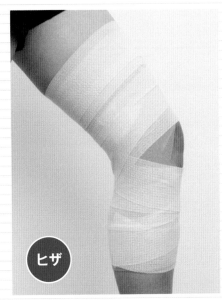

ヒザ

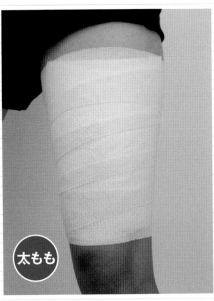

太もも

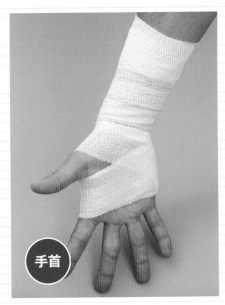

手首

ケガの応急処置はRICE処置が基本

アイシング

アイスバッグ

ビニール袋に氷を入れ、空気を吸い出すと、氷が袋の中で動かなくなり患部に密着します。凹凸の多い患部には細かく砕いた氷を使うとより密着します。
※アイスバッグに使用するビニール袋は市販の物で構いません。

空気を吸い出し、口を結んだら、アイスバッグの完成です。

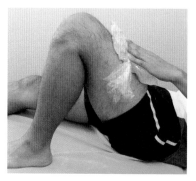

1 太ももの打撲の場合のアイシングです。ヒザを曲げながら患部が心臓より高くなるような姿勢を取ります。

2 幅の広い伸縮包帯で固定します。包帯を巻き終わったら完成です。患部を動かさず、15 ～ 20 分を目安にアイシングをします。

内出血や腫れを抑えつつ運動直後の疲労回復を早める

　ねんざや打撲などの応急処置は、RICE処置が基本です。RICEとは、R（REST）＝安静、I（ICING）＝冷却、C（COMPRESSION）＝圧迫、E（ELEVATION）＝挙上、の略です。

　アイスバッグを患部に当てて冷やすと、毛細血管が収縮して内出血や腫れを抑えられます。また、炎症の抑制や運動直後の疲労回復を早めることもできます。冷やす時間は、15〜20分が目安です。冷たさや痛みを感じなくなってから、それ以上長く冷やし続けると凍傷になるので注意しましょう。

　ケガ直後の処置としては、コールドスプレーを使うこともあります。ただし、同じ場所に長く噴霧し続けると凍傷を招きますので、持続的な処置としては適しません。

氷のう

氷を入れて空気をできるだけ吸い出せば、中で氷が動かず、患部に密着できます。

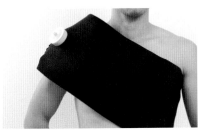

専用バンテージで氷のうを固定します。ない場合は、包帯で代用し固定しましょう。

アイシングラップ

アイスバッグをアイシングラップを使って固定しましょう。

ハンドルを持つとくるくる回り、スムーズにテープが巻けます。

1

足首のねんざの場合、アイシングをしながらヒザから下を台に乗せて挙上しておきます。

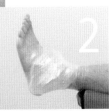

2

43

テーピングがない場合は
三角巾(きん)を使い肩と腕を固定する

ケガをしたときは、RICE 処置の「R」である安静、つまり患部を保護、固定して動かさないことが大切です。テーピングがその役割を果たしますが、肩や腕ならば、手頃な布を三角巾として使って固定することができます。

三角巾で固定

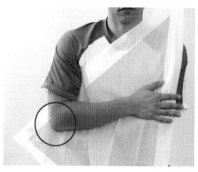

1 吊る腕と体の間に三角巾を通します。二等辺三角形の頂点がヒジの位置に来るようにします。

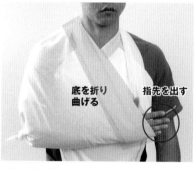

底を折り曲げる　指先を出す

2 端を首の後ろで結びます。

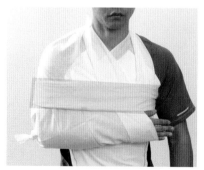

3 もう1本の三角巾を細長くたたみ、腕の上あたりと脇の下を通して固定します。

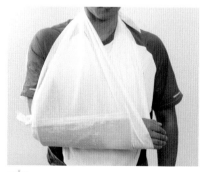

応用　**雑誌などで患部を固定**
雑誌などを使い、患部を固定してから、三角巾で吊るすのもおすすめです。

PART **2**

足首・足部

足首の構造

日常でもっとも傷害を起こしやすいのが足首です。体重を支えて地面の上に真っすぐ立つことだけでも大きな負荷がかかっています。様々な動作を行うため、痛みや不安があれば効果的なテーピングで保護します。

足首が伸びてつま先が下がると、距骨と両くるぶしの間にスペースができて不安定になり、そこに大きな負荷がかかると傷害を起こしやすくなります。外くるぶしの周りのじん帯を痛める内反ねんざや、外側にねじれて起こる外反ねんざ、フットボーラーズ・アンクルが主な傷害です。

足首は脛骨と腓骨、距骨と踵骨の 4つの骨で形成されている

　足首はすねの脛骨と腓骨、その根元で足の骨とつなぐ骨である距骨と踵骨の4つで構成されています。

　距骨が軸のように動いてつま先を上げる背屈をしたり、つま先を下げる底屈をします。足首が90度のときは、外くるぶしである腓骨の先端と、内くるぶしである脛骨の先端の間に、距骨がすっぽり収まり安定しています。

　また、足が内側にねじれる動きは、内返し（内反）、外側にねじれる動きは外返し（外反）と言います。

足首の仕組み

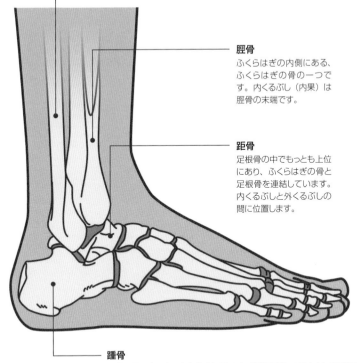

腓骨
脛骨と対になっている、ふくらはぎの骨です。ふくらはぎの外側にあり、足首の外側部を形成します。外くるぶし（外果）は、腓骨の末端です。

脛骨
ふくらはぎの内側にある、ふくらはぎの骨の一つです。内くるぶし（内果）は脛骨の末端です。

距骨
足根骨の中でもっとも上位にあり、ふくらはぎの骨と足根骨を連結しています。内くるぶしと外くるぶしの間に位置します。

踵骨
足部の骨の中でもっとも大きな骨です。距骨の下にあるカカトの骨です。

足首の内反ねんざ
ねんざの予防と再発防止

動画を CHECK

症 状

内反ねんざは足首の代表的な傷害です。足首を曲げ伸ばすために外くるぶしと内くるぶしがあり、内くるぶしの方が高い位置にあります。そのため、足首は外側に曲がりにくく、内側に曲がりやすい構造となっています。足首に大きな力が加わり過度に曲がり、外くるぶし下の「前距腓じん帯」と「踵腓じん帯」を痛めることで起きる症状です。

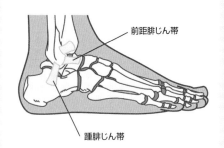

前距腓じん帯

踵腓じん帯

ポジション

足首を90度に曲げてキープしたポジションで行います。足首は構造的に90度に曲げた状態がもっとも安定するからです。足首を伸ばさないようにしましょう。

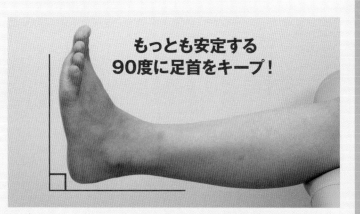

もっとも安定する
90度に足首をキープ！

使用テープ

◎アンダーラップテープ
幅70mm

◎非伸縮テープ
幅38mm

◎伸縮テープ（ハンディカットタイプ）
幅50mm

テープの巻き方

1 アンダーラップテープ
▶▶P20

テープを巻く範囲をおおうようにアンダーラップテープを巻きます。

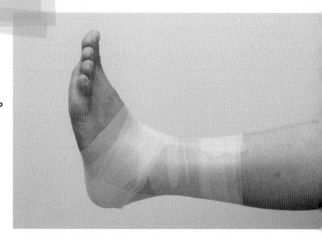

2 アンカー
▶▶P22

前足部とふくらはぎにアンカーを巻きます。テープが浮いたりスキ間ができないようにします。

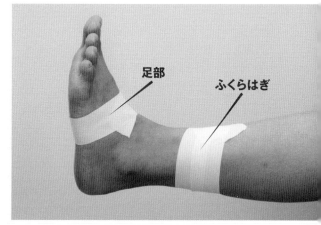

足部

ふくらはぎ

3 スターアップ
▶▶P26

ふくらはぎのアンカーの内側からカカトを回り、ふくらはぎのアンカーの外側までテープを適度に引き上げながら、3本扇状に重ねて巻きます。足首の外側を補強します。

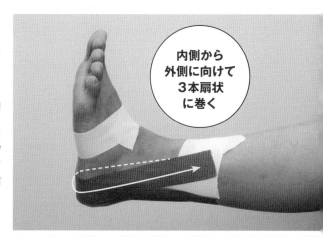

内側から外側に向けて3本扇状に巻く

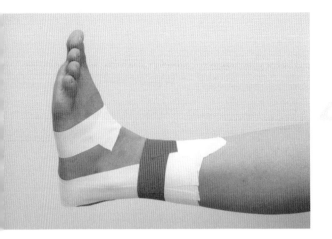

アンカー
▶▶P22

スターアップを固定するため、2で巻いたふくらはぎの下にアンカーを巻きます。

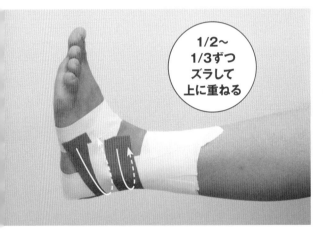

1/2〜1/3ずつズラして上に重ねる

ホースシュー
▶▶P30

スターアップの固定力を安定させるためにホースシューを巻きます。くるぶしの下から両くるぶしをおおう位置まで3〜4本巻きます。

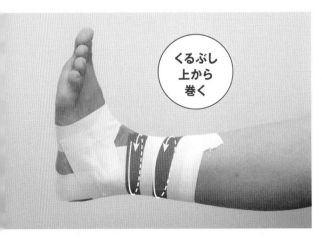

くるぶし上から巻く

サーキュラー
▶▶P32

くるぶしの上からふくらはぎのアンカーに向けて、足首を一周するように巻きます。1/2〜1/3ずつズラして上に重ねるように3〜4本巻き上げます。

7 ヒールロック
▶▶P36

カカトの動きを安定させるため、内と外からヒールロックを巻きます。このテープによって足首の動きを固定します。

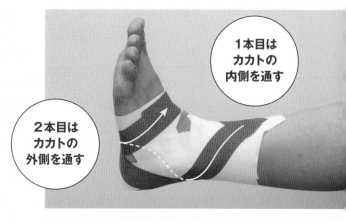

1本目はカカトの内側を通す

2本目はカカトの外側を通す

8 フィギュアエイト
▶▶P34

足首の固定力を高めるために、足首の周りを8の字を描くように巻きます。内反ねんざは外くるぶしから巻き始め、土踏まずの内側から足裏を経て足の外側へ巻き上げ、内くるぶしに向かって巻いていきます。

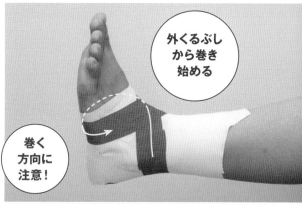

外くるぶしから巻き始める

巻く方向に注意！

9 アンカー
▶▶ P22

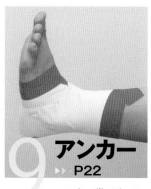

ここまで巻いたテープを剥がれにくくするため、テープの端をおおう仕上げのアンカーを巻きます。

10 オーバーラップ
▶▶ P40

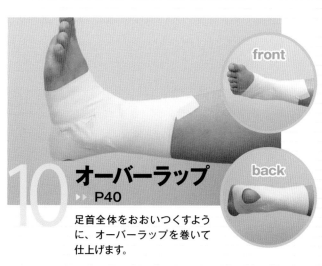

front

back

足首全体をおおいつくすように、オーバーラップを巻いて仕上げます。

応用 基本のテープよりも固定力がアップ
クローズド・バスケットウィーブ

48 ページで紹介している「足首の内反ねんざ」に対する基本テーピングよりも患部の固定力を増し、より安定させるためのテーピングです。基本のテープのスターアップの 3 本とホースシューの 3 ～ 4 本を交互に巻いて全体のズレ感を少なくし、ホールド感を高めていきます。

使用テープ

◉**非伸縮テープ**
幅38mm

◉**伸縮テープ**
（ハンディカットタイプ）
幅50mm

動画を CHECK

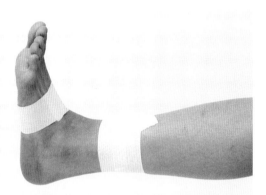

1 アンカー
▶▶P22

前足部とふくらはぎにアンカーを巻いていきます。テープが浮いたりスキ間ができないようにしましょう。

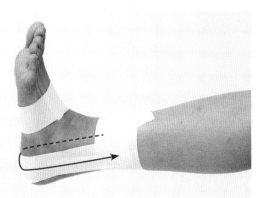

2 スターアップ
▶▶P25

ふくらはぎのアンカーの内側からカカトを回り、ふくらはぎのアンカーの外側までテープを巻きます。

3 ホースシュー

▶▶P30

スターアップを1本巻いた
ら、ホースシューを巻きま
す。両くるぶしの下をおお
うように巻いていきます。

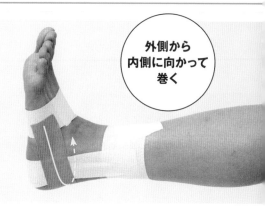

外側から
内側に向かって
巻く

4 カゴ編み

▶▶P25·30

2本目以降は、スターアッ
プとホースシューを交互に
巻いていきます。カゴを編
むように1/2〜1/3ずつ
テープを上にズラして重ね
ていきます。

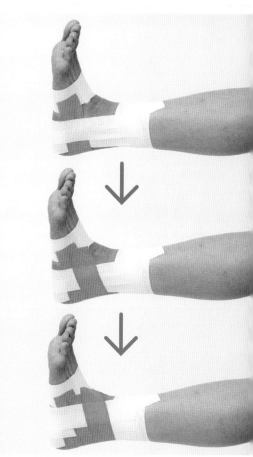

53

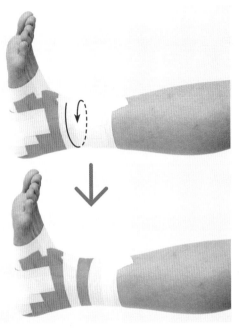

サーキュラー
▶P32

くるぶしの上からふくらはぎのアンカーに向けて、足首を一周するように巻いていきます。1/2〜1/3ずつテープをズラして上に重ねるように3〜4本巻き上げます。

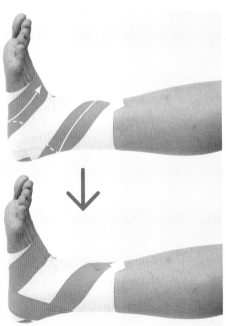

ヒールロック
▶P36

カカトの動きを安定させるために、内と外から2本のヒールロックを巻きます。ヒールロックによって足首の動きを固定します。

7 フィギュア エイト
▶▶▶P34

より足首の固定力を高めるためにフィギュアエイトを巻きます。外くるぶしから巻き始め、8の字を描くように土踏まずの内側から足裏を経て足の外側へ巻き上げ、内くるぶしに向かって巻いていきます。

8 アンカー
▶▶P22

ここまで巻いたテープが剥がれないように、テープの両端をおおうための仕上げのアンカーを巻きます。

9 オーバー ラップ
▶▶P40

足首全体をおおいつくすように、オーバーラップを巻いて完成です。

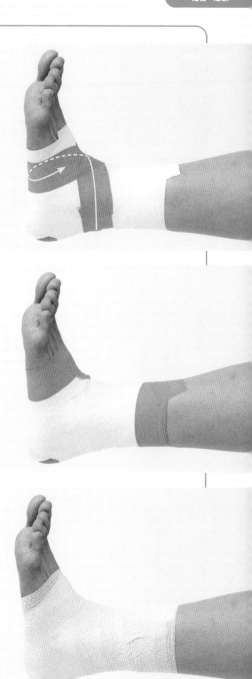

応用 現場で素早く巻ける
コストパフォーマンステーピング

48ページで紹介している「足首の内反ねんざ」に対する基本テーピングの応用です。巻く時間とテープの長さを抑えられるコストパフォーマンスの良いテーピンクとなります。競技現場で必要とされるスピード感を意識しつつも、しっかり動きの制限や圧迫をかけられるためにテーピングの目的を損ないません。

使用テープ

⦿ **非伸縮テープ**
幅38mm

⦿ **伸縮テープ**（ハンディカットタイプ）
幅50mm

動画を CHECK

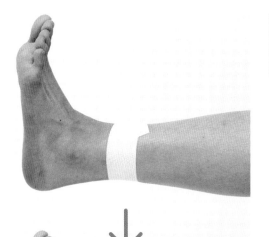

アンカー
▸▸P22

アンカーはふくらはぎだけに巻きます。足部のアンカーを巻かずに行うのがポイントです。

足部の
アンカーテープ
は省略する

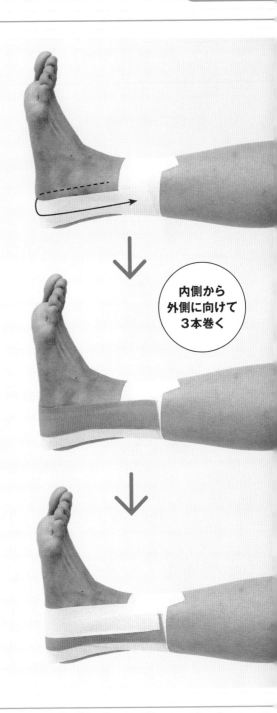

内側から
外側に向けて
3本巻く

2 スターアップ
▶▶P25

ふくらはぎのアンカーの内
側からカカトを回り、ふく
らはぎのアンカーの外側ま
でテープを適度に引き上げ
ながら巻いていきます。

テープを3本平行に
1/2～1/3ずつズ
ラしながら重ねて巻
き、足首の外側を補
強します。

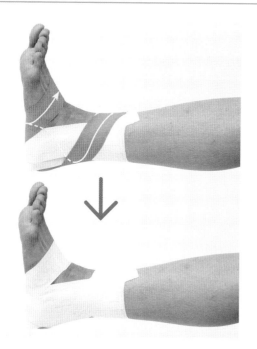

ヒールロック
▶P36

基本のテープでは、スター
アップを固定、安定させる
ために仮止めのテープ（ア
ンカー）を一周巻きます
が、そのアンカーを省いて
ヒールロックを巻きます。
仮止めの役割をヒールロッ
クに果たしてもらいます。

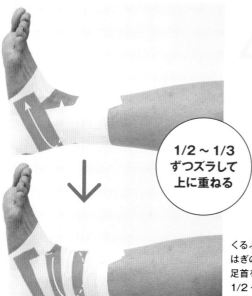

1/2 ～ 1/3
ずつズラして
上に重ねる

ホースシュー
&サーキュラー
▶P30·32

ヒールロックで足部を一周
させましたが、これをホース
シューを巻くときのアンカー
の代わりとします。くるぶし
の下から両くるぶしをおおう
位置まで3～4本巻きます。

くるぶしの上からふくら
はぎのアンカーに向けて
足首を一周するように、
1/2 ～ 1/3 ずつズラして
上に重ねるように 3 ～ 4
本巻いていきます。

5 ハーフアンカー

▶▶▶P22

サーキュラーを巻いたあとに、基本のテープではふくらはぎと足部にアンカーを巻きますが、サーキュラーを下腿部の上部まで巻けばアンカーなしでOKとなります。足部のアンカーは一周せずに足の甲だけおおうように巻きます。

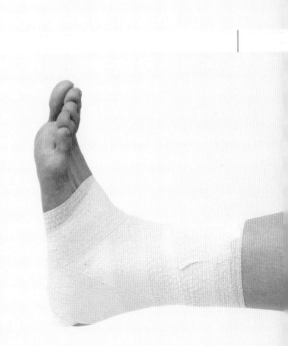

6 オーバーラップ

▶▶▶P40

基本のテープではフィギュアエイトを巻きますが、スターアップで代用しているため省きます。最後に足首全体をおおいつくすようにオーバーラップを巻いて仕上げていきます。

足首の内反ねんざ・応用
ねんざ直後の応急処置のテーピング

動画を
CHECK

症 状

内反ねんざをした直後に、一時的な応急処置として行うテーピングです。足首のポジションを安定させて症状の悪化を防ぎます。内側に曲げて痛めたねんざなので、内側に曲げないように制限します。テーピングの特徴は、足首の前側にテープを巻かず開放することで、腫れの逃げ場を作ることです。

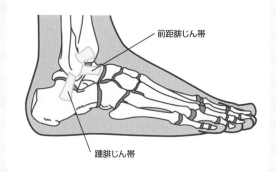

前距腓じん帯

踵腓じん帯

ポジション

足首がもっとも安定する90度を保ってテーピングするのが基本です。足首を伸ばしてテープを巻かないよう注意しましょう。

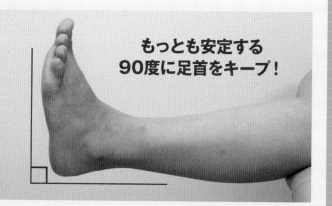

もっとも安定する
90度に足首をキープ！

使用テープ

◉非伸縮テープ
幅38mm

テープの巻き方

1 アンカー
>>>P22

足首前部を開放するため、アンカーは足部とふくらはぎともにテープを一周させないように巻きます。ふくらはぎはテープを 1/2 ～ 1/3 上にズラして2本重ねます。

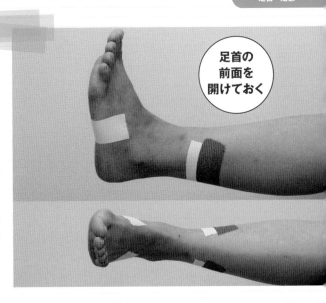

足首の前面を開けておく

2 スターアップ
>>>P25

くるぶしの後ろにかかるように、1本目のスターアップを巻きます。内反ねんざなので、内側から外側に引き上げるように巻きます。

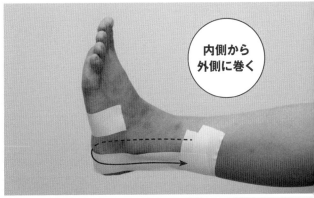

内側から外側に巻く

3 ホースシュー
>>>P30

1本目は外くるぶしの下をおおうように、患部を圧迫するホースシューを巻きます。内反ねんざなので外側から内側に向かって巻きます。

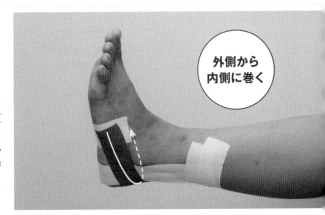

外側から内側に巻く

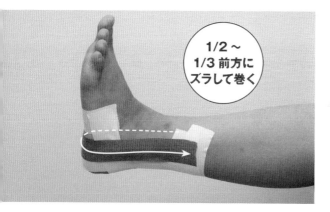

1/2 ～
1/3 前方に
ズラして巻く

スターアップ
▶▶P25

2本目のスターアップを巻きます。前方に向けて平行に 1/2 ～ 1/3 ズラして巻きます。

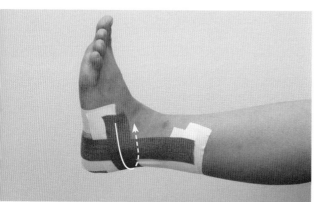

ホースシュー
▶▶P30

2本目のホースシューを巻きます。1/2 ～ 1/3 上にズラして重ねていきます。くるぶし周辺を圧迫することで、腫れを抑えます。

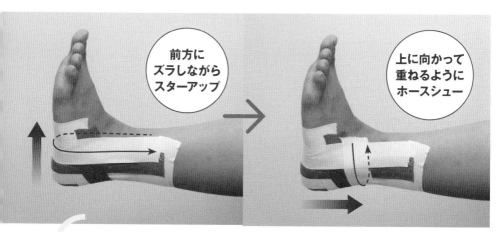

前方に
ズラしながら
スターアップ

上に向かって
重ねるように
ホースシュー

カゴ編み
▶▶P25・30

3本目のスターアップとホースシューを、同じ要領で平行に 1/2 ～ 1/3 ズラしながら重ねていきます。縦、横と交互に編み込むように巻いていきます。

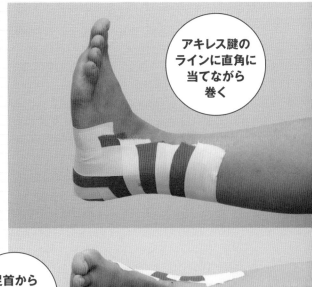

アキレス腱の
ラインに直角に
当てながら
巻く

足首から
すねの前面を
開けておく

7 ホースシュー
▶▶P30

カゴ編みのホースシューに続けて、ふくらはぎ側のアンカーまでホースシューを重ねていきます。これでスターアップの固定力をサポートします。

8 アンカー
▶▶P22

テープの端が剥がれやすい状態なので、それを防ぐために、内側と外側の端をアンカーでおおって仕上げます。

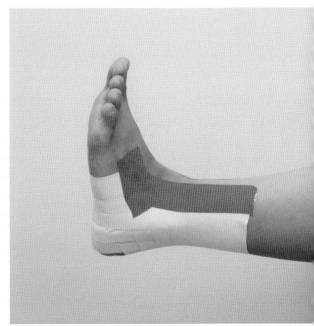

※オーバーラップを巻いて完成ですが、RICE処置としてアイスバッグを当てて固定しても良いでしょう。

応用 伸縮テープでスターアップ

幅75ミリの伸縮テープを使い、スターアップを巻きます。持続力のあるソフトな固定ができます。伸縮テープは、非伸縮テープに比べて汗や水に強いため、長時間安定した固定が保てます。伸縮テープの両端に切り込みを入れ（スプリット）、左右に開いて足首に巻きつけます。

使用テープ

◉伸縮テープ
幅75mm

◉非伸縮テープ
幅38mm

動画を
CHECK

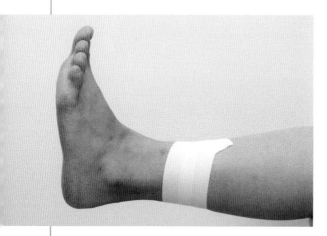

1 アンカー
▶▶P22

ふくらはぎのアンカーは、通常の内反ねんざのテーピングと同じです。1/2〜1/3ズラして2枚重ねて巻きます。

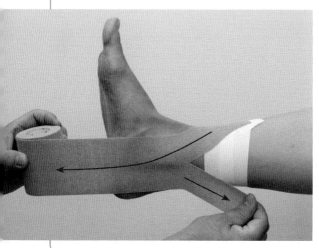

2 スターアップ
▶▶P25

伸縮テープの端に切り込みを入れ、ふくらはぎのアンカーに巻きつけます。通常のスターアップの要領で、内側から外側に巻いていきます。

※ここでは便宜上、逆の足の内側をみせています。

3 スターアップ
▶▶P25

足の外側の端にも切り込みを入れ、ふくらはぎのアンカーに巻きつけます。

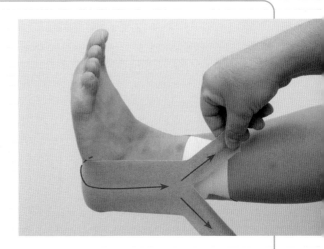

4 完成

伸縮テープのスターアップを巻き終えたところ。伸縮テープを適度に引っ張りながら巻いて、圧迫を強めます。

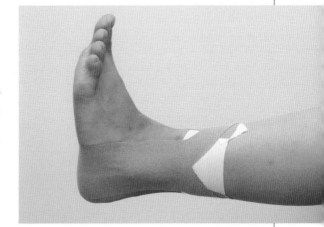

巻き方の応用

幅50mmの伸縮テープでスターアップを巻く

幅50mmの伸縮テープを使い、通常のスターアップと同じように巻く方法もあります。ソフトな固定が目的ですので、扇状に重ねていきます。

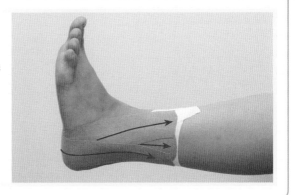

足を踏み込んで出る痛み
骨と骨との間に「くさび」を打ち込む

動画を
CHECK

症状

足を踏み込んだときに、圧迫によって
痛みを感じることがあります。たび重
なるねんざによって足首が緩くなった
り、内・外にねじったときに、伸ばさ
れたじん帯と反対側の関節の骨同士
がぶつかり痛みが出ます。このような
症状をフットボーラーズ・アンクルと
言います。この場合は通常の動きを
制限するテーピングとは違う方法で
巻いていきます。

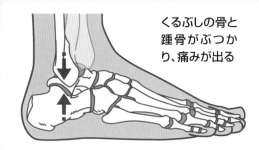

くるぶしの骨と
踵骨がぶつか
り、痛みが出る

ポジション

くさびのテーピングも、足首にとって
もっとも安定感の高い90度の姿勢
で巻きます。

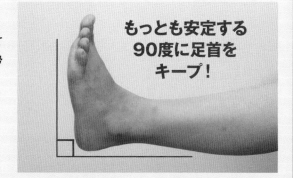

もっとも安定する
90度に足首を
キープ！

使用テープ

◉非伸縮テープ
幅19mm

◉非伸縮テープ
幅38mm

テープの巻き方　くるぶしの骨と踵骨がぶつかり、痛い場合

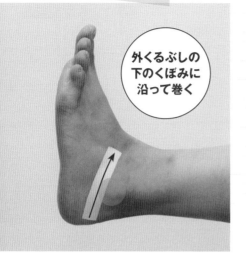

外くるぶしの下のくぼみに沿って巻く

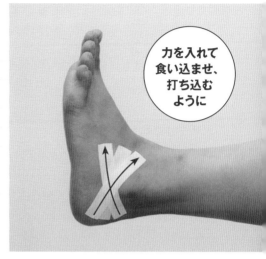

力を入れて食い込ませ、打ち込むように

1 縦サポート ▶▶P29

幅 19mm の非伸縮テープを外くるぶしの下のくぼみに沿って、強く差し込むように巻きます。

2 Xサポート ▶▶P28

くるぶしの真下の 1 点で交差するように、2 本目、3 本目を「X」状に巻きます。さらに数本重ねても OK です。

テープの巻き方　足首前面の脛骨と距骨の間にくさびを打ち込む場合

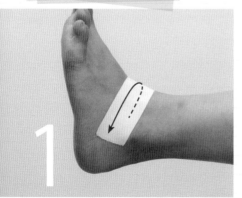

1

内くるぶし前方から、外くるぶし前方にかけて足首の前面にテープを巻きます。

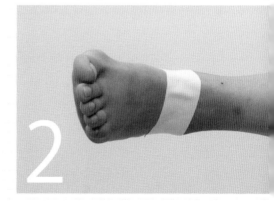

2

1 本目のテープの上から、ほぼ重なるように 2 本目を巻きます。脛骨と距骨の間に巻くことで、くさびの役割を果たし、足首を曲げる動きが制限され、骨同士がぶつかりにくくなります。

急停止で出る痛み
激しいストップ&ゴーの負担を軽減させる

動画を CHECK

症 状

運動中に急激にストップするなど強く踏み込むと、ふくらはぎと足部に前後にスライドする力が加わり、脛骨と距骨をつなぐじん帯を痛めてしまいます。こうなると、足首の前方や、くるぶしの後方など、足首の前後の動きに対する痛みや不安が出ます。前後の動きを制限するために、サポートテープを巻いていきます。

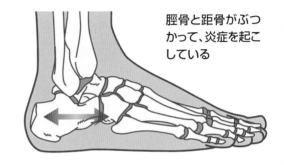

脛骨と距骨がぶつかって、炎症を起こしている

ポジション

足首を安定させる90度のポジションを保ちながら、テーピングを巻くようにしましょう。

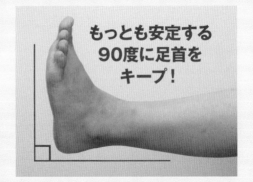

もっとも安定する
90度に足首を
キープ！

使用テープ

◉非伸縮テープ
幅38mm

テープの巻き方　くるぶしの前後

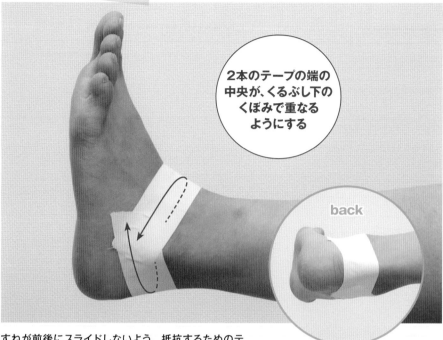

2本のテープの端の中央が、くるぶし下のくぼみで重なるようにする

back

すねが前後にスライドしないよう、抵抗するためのテープを巻きます。内くるぶしから外くるぶしへ、足首の前方と後方から「Uの字型」に2本巻きます。

カカトの骨にテープの下側がかかるように巻きます。

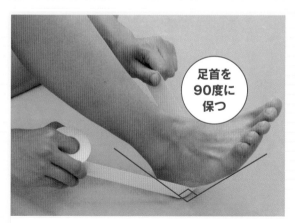

足首を90度に保つ

イスなどに足を乗せるのもOK。足首を90度に保つことは忘れないようにしましょう。

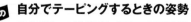

巻き方のコツ　自分でテーピングするときの姿勢

自分でテープを巻くときは、床や地面に腰を下ろし、足首を90度に保った状態にしましょう。

足首を伸ばすと痛む

足首を底屈しないように制限するテーピング

動画を CHECK

症 状

つま先を下げて、足首を伸ばす動きを底屈と言います。足首の動きとしてはもっとも大きな動きとなります。底屈で痛みが出る主なケースは、外くるぶしの前にある前距腓じん帯が伸ばされたとき。底屈しないようテーピングで制限することで、症状を軽減させます。

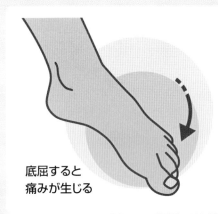

底屈すると
痛みが生じる

ポジション

台からふくらはぎより先の足を出します。つま先を上げた状態で巻くことで、固定力が強くなります。逆に足首を伸ばすことで、固定力が弱くなります。強さは巻かれる人と相談して調整します。

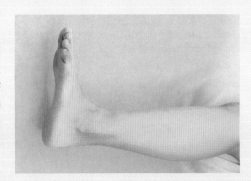

使用テープ

◉伸縮テープ
幅75mm

◉アンダーラップテープ
幅70mm

◉非伸縮テープ
幅38mm

◉伸縮テープ
（ハンディカットタイプ）
幅50mm

テープの巻き方

1 アンカー
▶▶▶P22

足部とふくらはぎにアンカーを巻きます。ふくらはぎのアンカーは、1/2 ～ 1/3 ズラして2枚重ねて巻きます。

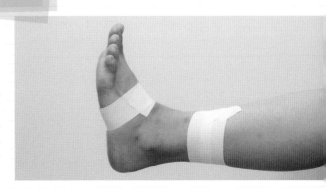

2 スプリット
▶▶▶P29

伸縮テープの一方の端に10cmほど切り込みを入れます。左右に切り裂き、足部のアンカーの上に巻きます。もう一方の端にも切り込みを入れ、同じ要領でふくらはぎのアンカーの上に巻きます。

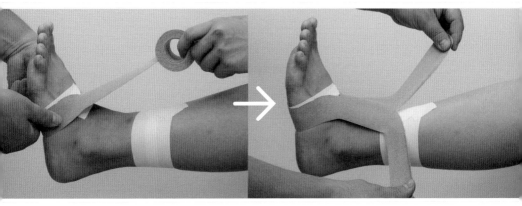

3 アンカー
▶▶▶P22

スプリットテープの両端を固定するため、仕上げのアンカーを重ねて巻きます。制限を強めたい場合は、仕上げのアンカーの前に、ハーフヒールロック（P36）を巻くのも良いでしょう。

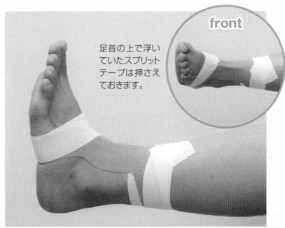

足首の上で浮いていたスプリットテープは押さえておきます。

front

71

足首を曲げると痛む

足首を背屈しないように制限するテーピング

動画を CHECK

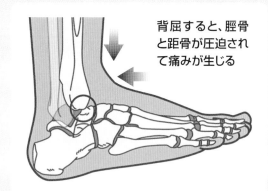

背屈すると、脛骨と距骨が圧迫されて痛みが生じる

症 状

つま先を上げるように足首を曲げる動きを背屈と言います。アキレス腱を痛めると、足首を背屈させたときに痛みが出ることがあります。フットボーラーズ・アンクルでも、背屈すると脛骨と距骨が圧迫されて痛みます。このようなとき、カカト側にスプリットテープを巻いて背屈を制限させるテーピングで対応します。

ポジション

つま先を軽く伸ばし、底屈した状態でテーピングすると、制限が強くなります。

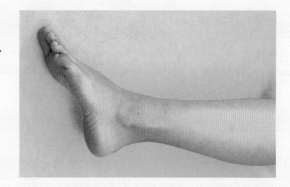

使用テープ

◉伸縮テープ
幅75mm

◉アンダーラップテープ
幅70mm

◉非伸縮テープ
幅38mm

◉伸縮テープ
（ハンディカットタイプ）
幅50mm

テープの巻き方

1 アンカー
▶▶P22

足部とふくらはぎのアンカーを巻きます。足部は1本、ふくらはぎは2本巻きます。

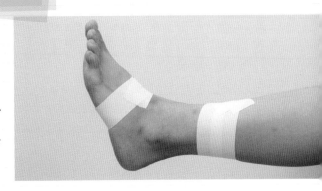

2 スプリット
▶▶P29

アキレス腱が伸びないように巻きます。伸縮テープに切り込みを入れ左右に裂いて足部のアンカーに重ねて巻きつけます。もう一方の端にも切り込みを入れ、ふくらはぎのアンカーに重ねて巻きます。

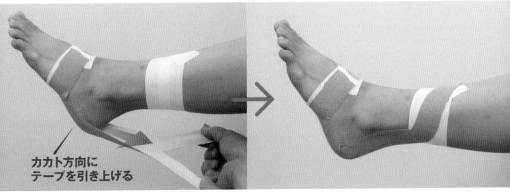

カカト方向に
テープを引き上げる

3 アンカー
▶▶P22

スプリットテープの効果を高めるために、仕上げのアンカーを巻いて固定します。つま先が伸びていると内反しやすいので、それを制限するフィギュアエイト（P34）を巻いて補強するのもおすすめです。

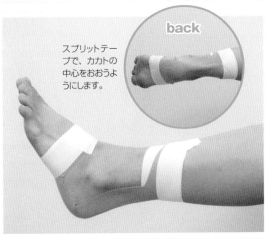

back

スプリットテープで、カカトの中心をおおうようにします。

足部の構造

立ったり歩いたり、そのすべての負荷を支えているのが足部です。普段は気づかなくても、わずかな違和感が全身にひずみをもたらすこともあります。症状や疲労を軽減する効果のあるテーピングを紹介します。

軽いジョギング程度の運動でも、足には体重の約3倍の負荷がかかると言われています。継続的に過剰な負荷を受け続けることで、骨に疲労骨折が起こることもあります。

縦と横のアーチで
衝撃を分散、吸収する構造

　足部は、足首から土踏まずあたりにある足根骨と、主に足の甲の骨にあたる中足骨、そして、足の指である足指骨の3つに分けられます。

　アーチの構造が特徴的で、縦と横のアーチが衝撃を分散し吸収します。骨とじん帯、筋によって構成されています。

　主な症状は、偏平足障害、足底筋膜炎、外反母趾、カカト痛です。継続的に過剰な負荷を受けること痛みが起こりますが、テーピングによって症状を軽減することができます。

足部の仕組み

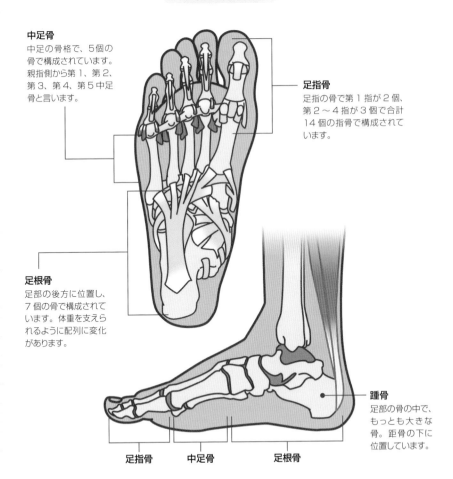

中足骨
中足の骨格で、5個の骨で構成されています。親指側から第1、第2、第3、第4、第5中足骨と言います。

足指骨
足指の骨で第1指が2個、第2〜4指が3個で合計14個の指骨で構成されています。

足根骨
足部の後方に位置し、7個の骨で構成されています。体重を支えられるように配列に変化があります。

踵骨
足部の骨の中で、もっとも大きな骨。距骨の下に位置しています。

足指骨　　中足骨　　足根骨

足のアーチの痛み

足部の土踏まずをサポートするテーピング

動画を CHECK

症状

歩いたり走ったりする際の蹴り出す動きで、足底の筋肉や腱が繰り返し伸ばされて疲労します。それによって、土踏まず（アーチ）の構造が崩れて、衝撃を吸収する効率が悪くなり、土踏まずやカカトが炎症を起こします。そのため、その周囲のアーチの形や動きをサポートしていきます。

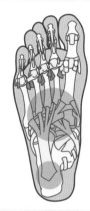

土踏まずやカカト部分に痛みが生じます

ポジション

足首の角度を90度にして、リラックスしたポジションにします。仕上げのアンカーを巻くときは、体重によってアーチが横に広がることを想定し、横方向に巻くテープを強くしないように注意します。

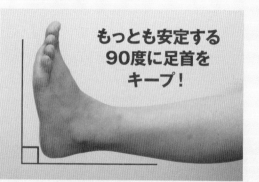

もっとも安定する90度に足首をキープ！

使用テープ

◎非伸縮テープ
幅19mmまたは25mm

◎伸縮テープ（ハンディカットタイプ）
幅50mm

テープの巻き方

1 アンカー
▸▸P22

親指の付け根（拇指球）と小指の付け根（小指球）の、盛り上がったふくらみの部分を通過するようにアンカーを巻きます。アンカーは一周させず、足の甲の部分は巻かないようにします。

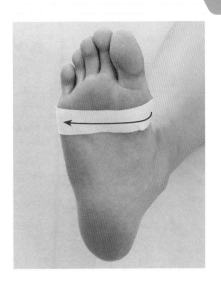

2 縦サポート
▸▸P29

親指の下から足の裏をクロスし、外側からカカトを回りスタートの位置に戻ります。2本目は、小指の下から巻き始めます。足の裏をクロスしカカトの内側からカカトを一周し元の位置に戻ります。3本目は、中指の下からカカトの外側へ向かい、カカトを回って元の位置に戻ります。

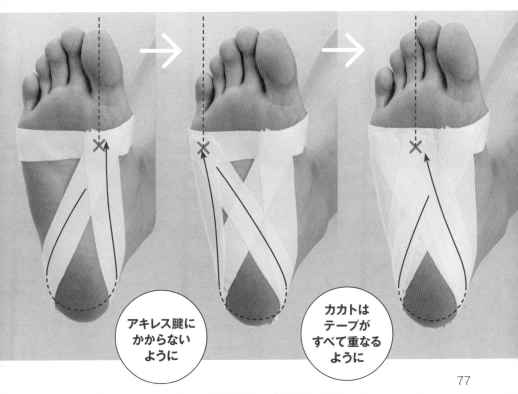

アキレス腱にかからないように

カカトはテープがすべて重なるように

水平サポート
▶▶P27

足裏の横方向のアーチをサポートするため、アンカーに平行に水平サポートテープを巻いていきます。アンカーと同様、足の甲の部分は巻かないようにします。

土踏まずとカカトの境目の位置に、真横にテープを巻きます。足の外側から内側に向かいます。

2本目は、テープの幅の 1/2 ～ 1/3 が重なるようにアンカー方向にズラして巻きます。巻く方向は、1 本目と逆に内側から外側にします。

side

3本以降は、巻く方向を交互に変え、テープを 1/2 ～ 1/3 ズラして重なるように巻いていきます。アンカーの位置まで巻いたら終わりです。

4 アンカー
▶▶P22

巻いたテープが剥がれないよう、端の部分に仕上げのアンカーを縦と横に巻きます。立ち上がり、ポジションを変えて、体重をかけた状態で巻きましょう。

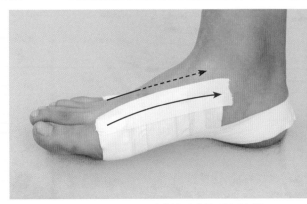

水平サポートのテープをおおうように、親指側と小指側にそれぞれ縦のアンカーを巻きます。

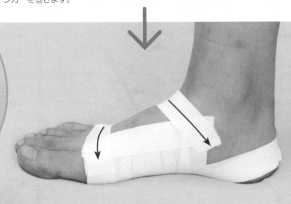

親指側と小指側の縦のアンカーの両端に、足の甲を横切るようにアンカーを巻きます。

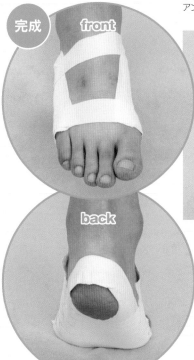

完成 / front / back

アンカーを巻き終えたら、足全体をおおうようにオーバーラップを巻きます。

巻き方の
コツ

アーチの広がりを妨げないために甲には巻かない

着地時などには、アーチに大きな力が加わります。そのときアーチは自然に横に広がります。水平サポートを足に一周巻くと、アーチの自然な広がりを妨げてしまいます。これを防ぐためにも甲にはテープを巻きません。

応用 アーチをサポートする

スポーツのどんな種目でも、疲労がたまると起こりやすいアーチの痛みがあります。それは、カカト寄りの部分に発生する、引っ張られるような痛みです。悪化する前にサポートテープを巻いて、アーチ機能を補強し、負荷を軽減して回復を促しましょう。

使用テープ

◉ **伸縮テープ**
幅50mm

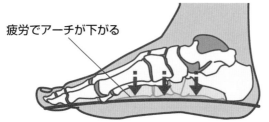

疲労でアーチが下がる

アーチが下がってくると、足裏の筋肉に負担がかかります。サポートテープで筋肉のストレスを和らげます。

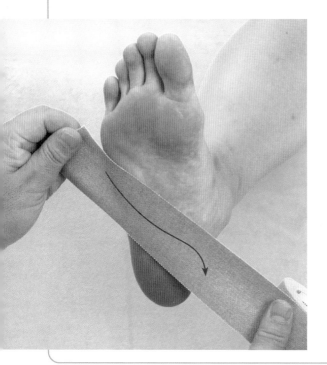

動画を
CHECK

フィギュアエイト
▸▸ **P34**

伸縮テープを土踏まずの外側から巻き始め、土踏まずを通りカカトの内側に向かいます。

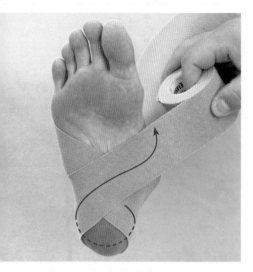

2 テープがアキレス腱にかからないように、カカトを回り、外側から土踏まずに巻いていきます。

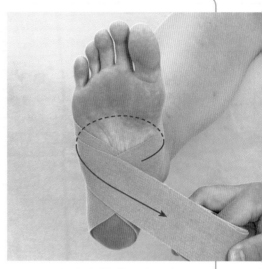

3 土踏まずの内側から足の甲を通り、足の外側から足裏へ向かいます。これで「8の字」です。

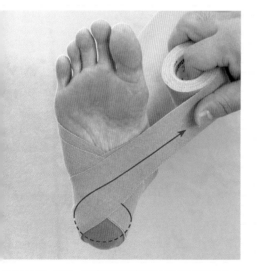

4 再度カカトを回って足の外側から土踏まずに向かい、土踏まずのアーチの下の端ので、「8の字」の交差が重なるようにします。

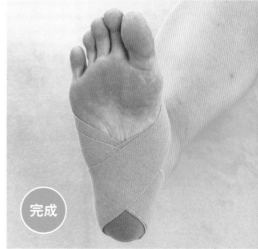

完成

5 土踏まずを中心にカカトと足の甲で「8の字」を描くテーピング。サポート力を高めたいときは、2～3周巻くと良いでしょう。

応用 アーチパッドでサポート

アーチの形状を保持し、じん帯や筋肉の負担を減らして症状を和らげるために、スポンジ製のパッドを土踏まずに当てて固定します。市販のパッドもありますが、本書ではスポンジ製のパッドを切って使います。

使用テープ&道具

◉ **伸縮テープ**
（ハンディカットタイプ）
幅50mm

◉ **パッド**
（スポンジ製）

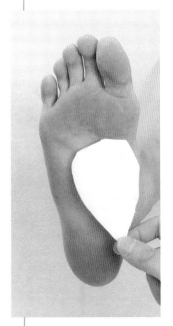

土踏まずの凹凸に合うように、パッドを成形します。

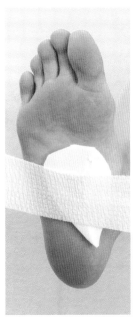

伸縮テープのハンディカットタイプを使い、パッドを固定します。

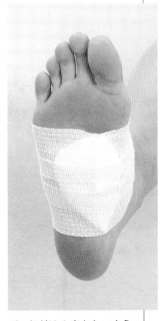

パッドがはみ出さないように、テープでおおい尽くします。ズレないように固定します。

応用 簡易サポート

立ち仕事や外回りをする方など向けの、足裏の疲労を軽減するための簡易的なサポートテープです。幅38mmの非伸縮テープを使いますが、「巻く」と言うより「貼る」という感覚でOKです。

使用テープ

◉非伸縮テープ
幅38mm

土踏まずの中央に、2本のテープを土踏まずの幅に合わせ水平になるよう多少ズラし、締め付けずにそれぞれ軽く一周巻くだけでも効果があります。

巻き方の コツ

患部に応じてパットを加工して使う

パッドは患部に応じて加工して使いましょう。アーチ型だけでなく、U字型、ドーナツ型など様々な形に、ハサミやカッターでパッドを加工します。ドーナツ型パッドは、痛む部分に直接圧力を加えたくないときに効果的です。

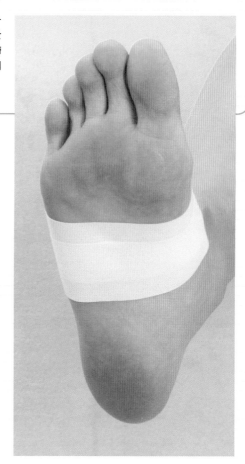

カカトの痛み
カカトをつぶしたときのテーピング

動画を CHECK

症 状

歩行中、足を地につけるたびにカカト
が痛むのは、おそらく「カカトをつぶ
した」状態です。カカトに強い衝撃を
与えたり、激しく動かなくても長時間
の立ち仕事を続けただけでも痛みが
発生します。カカトの下の脂肪体が圧
迫されてつぶれることで炎症が起きま
す。接地したときの衝撃を和らげるた
めに、テーピングでカカトをサポート
します。

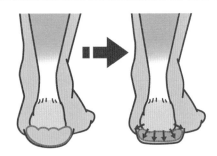

正常な
カカトの状態

カカトの下の
脂肪体が圧迫されて
いる状態

ポジション

台上にうつ伏せに寝ま
す。台から足を出し、つ
ま先を真下に向けてカカ
トが上に向いたポジショ
ンで巻きます。足をリラ
ックスさせ、足首は自然
な角度にしておきます。

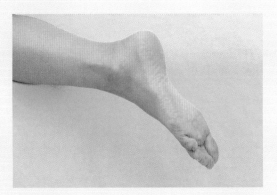

使用テープ

◉非伸縮テープ
幅19mmまたは25mm

テープの巻き方

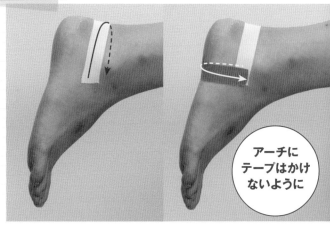

1 アンカー
▶▶P22

アンカーは、足底に対して平行に巻くテープと、垂直に縦に巻くテープになります。2本のテープは90度に交差するようにして、カカトを包み込むように巻きます。

アーチにテープはかけないように

水平アンカーに対して平行になるように、テープ幅の1/2ほどを足底側にズラして重ねて巻きます。

外くるぶしの下から、内くるぶしの下へ水平アンカーを巻きます。くるぶしとアキレス腱にはかからないようにします。

内くるぶしの下から、外くるぶしの下に縦のアンカーを巻きます。水平アンカーと同じ起点から始め90度になるようにします。

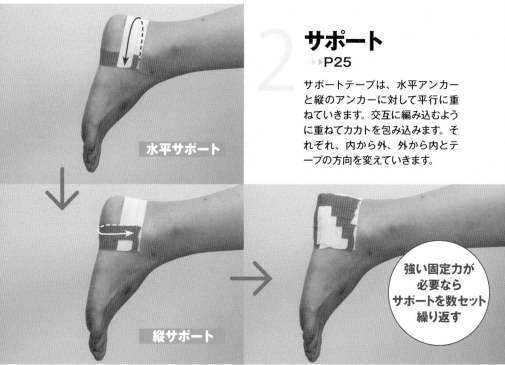

水平サポート

2 サポート
▶▶P25

サポートテープは、水平アンカーと縦のアンカーに対して平行に重ねていきます。交互に編み込むように重ねてカカトを包み込みます。それぞれ、内から外、外から内とテープの方向を変えていきます。

強い固定力が必要ならサポートを数セット繰り返す

縦サポート

縦のアンカーからカカトに向けてテープ幅の1/2ほどを重ねるようにズラし、平行に巻きます。

水平サポートと縦サポートを、カカトの先端に達するまで交互に繰り返してカゴ編みにします。

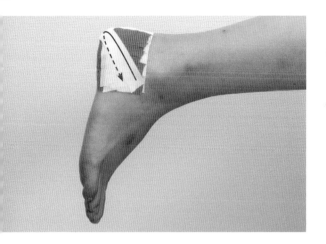

斜めの
サポート

カカトの先端部分が開いているので、最初の水平サポートと縦サポートの起点から、斜めにカカトの先端を包み込み、反対側のくるぶしの下に向かって外から内へ巻きます。

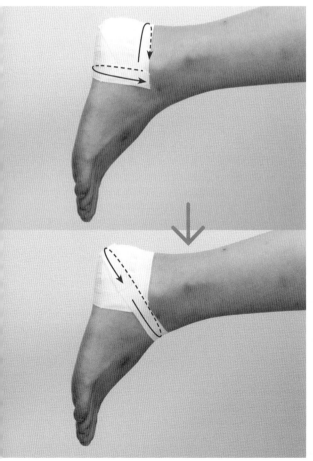

アンカー
▶▶P22

初めのアンカーと同じ位置に、水平アンカーと縦のアンカーを巻きます。テーピング全体の一体化と固定感を高めるためです。

完成

最後に補強するテープを、
足首全体に巻いて完成です。

応用 ヒールカップを装着

ヒールカップという、クッション性の高い専用の装具を使うと、着地時の衝撃吸収効果を高めることができます。仕上げのアンカーまで巻き上げたあとに、ヒールカップをカカトに当て、ハンディカットタイプの伸縮テープを用い、オーバーラップを巻いて固定します。

使用テープ&道具

◉**伸縮テープ**
（ハンディカットタイプ）
幅50mm

◉**ヒールカップ**
ヒールカップは、クッション性を高めたものなど、ジェルのタイプによって種類があります。

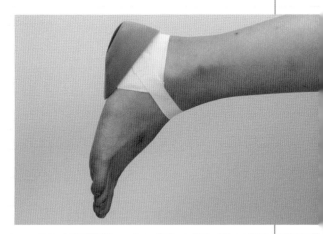

1 カカトをすっぽりおおう形状のヒールカップを使います。P84〜85のカカトのテーピングの完成後にカカトに装着します。

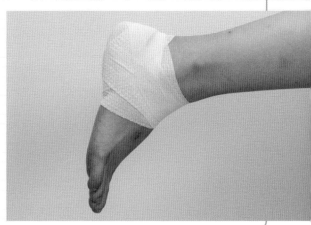

2 ヒールカップを固定するために、ハンディカットタイプの伸縮テープでオーバーラップを巻きます。

外反母趾の痛み
（がい・はん・ぼ・し）
外反母趾の症状を緩和するテーピング

動画を CHECK

症状

足の親指の付け根の骨が飛び出し、指先が人差し指方向に曲がったように見える外反母趾。先天的なケースもありますが、足の横アーチの低下で足全体が横に広がった結果、ヒールなどつま先の狭い靴の中で親指が圧迫され、負担がかかって外に反ってしまいます。関節機能だけでなく、皮膚や皮下組織の肥厚などを起こすこともあります。

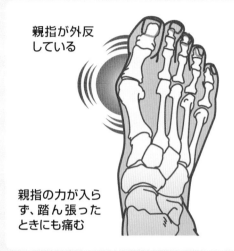

親指が外反している

親指の力が入らず、踏ん張ったときにも痛む

ポジション

台上から足先を出して、つま先を上に向けます。足首は自然な角度で力を抜いた状態にします。

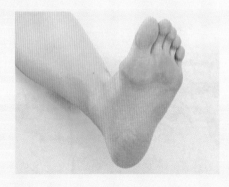

使用テープ

◎伸縮テープ
幅25mm

テープの巻き方

1 縦サポート ＆Xサポート
▶▶P28・29

縦のサポートテープを、親指の横から足部の横まで、親指が内へ反るように引っ張りながら巻きます。さらに、交差するようにXサポートを巻き、効果を高めます。

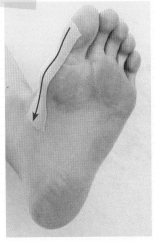
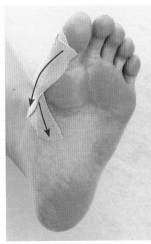

親指の内側から足部の中心まで巻きます。

親指の付け根の飛び出した部分の上で、交差するようにXサポートを巻きます。

2 アンカー
▶▶P22

サポートテープの両端の上に、仕上げのアンカーを巻き、サポートテープの両端を確実に固定します。

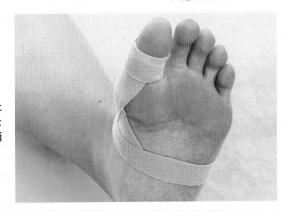

巻き方のコツ

外反母趾パッドで矯正効果を高める

外反母趾の症状が重い場合は、市販の外反母趾専用パッドを親指と人差し指の間に挟んで使用します。これによって、矯正効果が高まります。

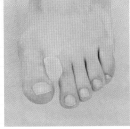
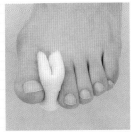

パッドを指に挟むことで、矯正力を強められます。

市販のパッドの代わりに、アンダーラップなどを丸めても代用できます。

応用 サポートテープを使う

伸縮性のある筋肉サポートテープを使い、外反母趾を矯正する方法もあります。

使用テープ

◉ **筋肉サポートテープ**
幅50mm

筋肉サポートテープの先端に切り込みを入れます。その部分を親指に巻きつけます。

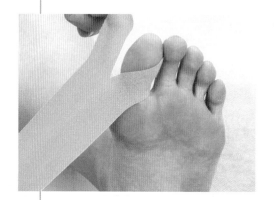

親指の外反を矯正しながら、足の真横に真っすぐ引っ張りながら貼ります。

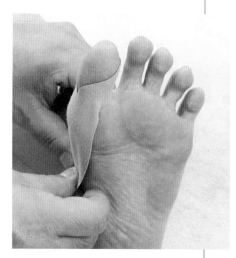

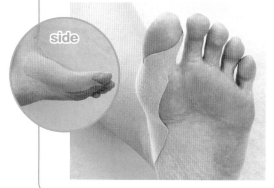

side

親指を内反させる力をかけて、テーピングをしていきます。

応用 足のツメの痛み

足の指を踏まれて痛め、ツメが浮いた状態になることがあります。そんなときは、テーピングで包み込むように患部を守ることで、痛みを和らげることができます。

使用テープ

◉アンダーラップテープ
幅70mm

◉非伸縮テープ
幅19mmまたは25mm

1

アンダーラップテープを、数回折りたたんで足の指の上に乗せ、クッション性を持たせます。

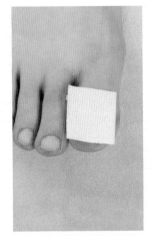

2

非伸縮テープで、親指の付け根から押さえつけるように上下に包み込みます。

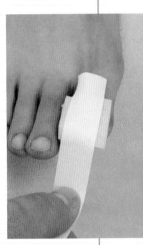

3

圧迫感を与えすぎないように、アンカーを水平に2、3本巻きます。

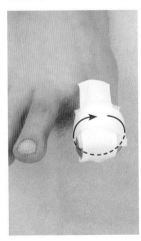

完成

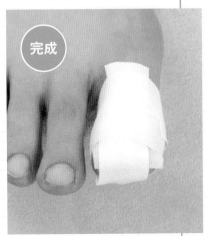

アキレス腱の構造

カカトとふくらはぎの筋肉をつなぐのがアキレス腱です。この腱は硬くて伸張性に乏しいという特徴を持っており、傷害をおいやすい部位です。無理をすると断裂する恐れもありますので、早めのテーピングによるサポートで腱への負担を減らしましょう。

ジャンプやダッシュなどによる強い負荷や、加齢による伸張性の低下により、
アキレス腱が伸び、痛みや違和感が出ます。

伸張性が低く、下腿三頭筋の
運動機能が低下することで傷害が起こる

ふくらはぎの筋肉、つまり下腿三頭筋（腓腹筋とヒラメ筋）と、カカトである踵骨をつなぐのがアキレス腱です。足首を背屈することによって、アキレス腱は伸ばされます。

アキレス腱の特徴は、伸張性が低く、下腿三頭筋の運動機能が低下することで影響

が出ます。

主な症状は、アキレス腱炎、アキレス腱周囲炎、断裂です。腱が伸びる際に違和感や腫れ、痛みが出ます。断裂すると再生に時間がかかり、長期間の固定が必要です。

アキレス腱の仕組み

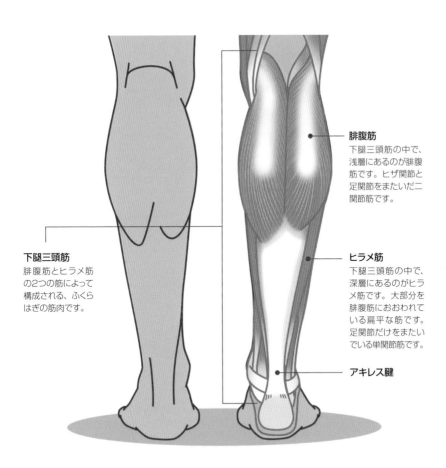

腓腹筋
下腿三頭筋の中で、浅層にあるのが腓腹筋です。ヒザ関節と足関節をまたいだ二関節筋です。

下腿三頭筋
腓腹筋とヒラメ筋の2つの筋によって構成される、ふくらはぎの筋肉です。

ヒラメ筋
下腿三頭筋の中で、深層にあるのがヒラメ筋です。大部分を腓腹筋におおわれている扁平な筋です。足関節だけをまたいでいる単関節筋です。

アキレス腱

アキレス腱の痛み

動画を
CHECK

アキレス腱が伸びる動きを制限するテーピング

症　状

アキレス腱は、足首の曲げ伸ばしのときに負荷がかかります。アキレス腱が耐えられないほどの大きな負荷や、継続的な負荷がかかると炎症を起こします。そこで、アキレス腱が過度に伸ばされるのを制限しながら動きをサポートするのが、ここで紹介するテーピングです。

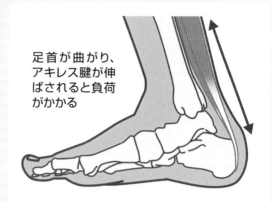

足首が曲がり、アキレス腱が伸ばされると負荷がかかる

ポジション

台上にうつ伏せになり、足の先を台から出すポジションを取ります。アキレス腱を伸ばさないように、足首は軽く伸ばした自然な状態である軽度底屈位にします。

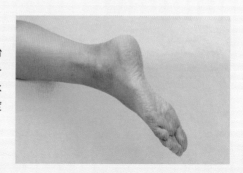

使用テープ

◉ **アンダーラップテープ**
幅70mm

◉ **伸縮テープ**
幅50mm

◉ **伸縮テープ**（ハンディカットタイプ）
幅50mm

テープの巻き方

1 アンカー
▶▶P22

アキレス腱を伸ばさない
状態である軽度底屈位を
保ちながら、ふくらはぎと
足部に伸縮テープでアン
カーを巻きます。

※ここでは省略していますが、
アンカーの前にアンダーラップ
を巻きます。

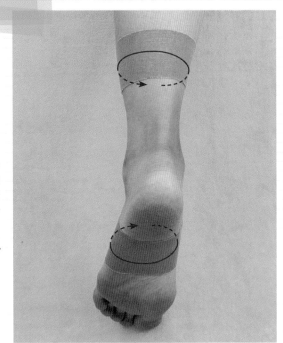

2 縦サポート
▶▶P29

足部のアンカーからカカト
の中央を通して、アキレス
腱の上を通ってふくらはぎ
のアンカーまで縦サポート
のテープを巻きます。

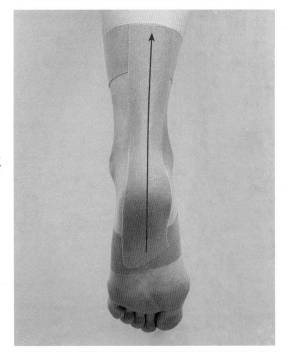

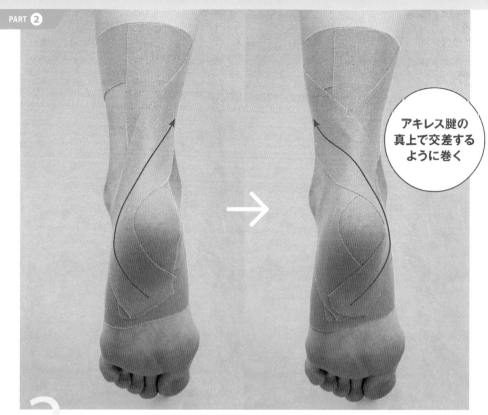

アキレス腱の
真上で交差する
ように巻く

3 Xサポート
▶▶P28

足部のアンカーからカカトの外側を通り、斜めにアキレス腱を横切り、ふくらはぎのアンカーの内側まで巻きます。もう1本のXサポートは、カカトの内側を通り、ふくらはぎのアンカーの外側まで巻きます。

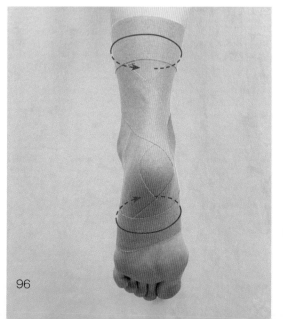

4 アンカー
▶▶P22

サポートテープの両端であるふくらはぎと足部に、仕上げのアンカーを巻きます。最後にオーバーラップを巻いたら完成です。

※アキレス腱に対して上から圧迫すると同時に、伸ばしながら巻くことで、それ以上の伸展を制限します。

応用 スプリットテープ

アキレス腱が過度に伸ばされるのを制限しながら、動きをサポートするテーピングで、スプリットテープ（P29）を使った方法です。ポジションもP94と同じで、アキレス腱を伸ばさず負荷をかけない状態でテープを巻きます。

使用テープ

⊙ 伸縮テープ
幅75mm

1

2

3

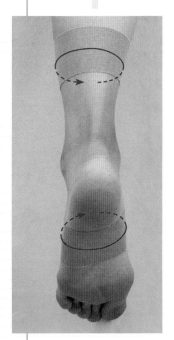

ふくらはぎと足部にアンカーを巻きます。
※ここでは省略していますが、アンカーの前にアンダーラップを巻きます。

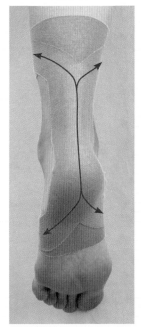

伸縮テープの両端に10cmほどの切り込みを入れます。足部のアンカーからカカト、アキレス腱を通り、ふくらはぎのアンカーまで巻きます。

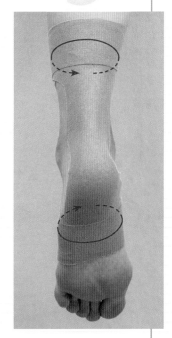

ふくらはぎと足部に仕上げのアンカーを巻いて、テーピングの効果を確実にします。この後、オーバーラップを巻いて完成です。

アキレス腱の負担を軽減

ふくらはぎの筋肉疲労を軽くするサポートテープ

動画を
CHECK

症状

運動によってふくらはぎの筋肉が疲労し、アキレス腱へ負担がかかることがあります。その負担を補うために筋肉と腱に密着し柔軟なサポート力を発揮する、筋肉サポートテープを貼って対処します。

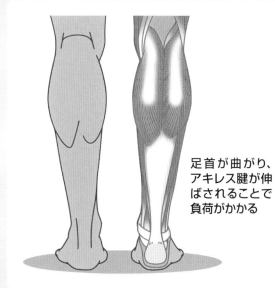

足首が曲がり、アキレス腱が伸ばされることで負荷がかかる

ポジション

台上にうつ伏せになり、つま先を台から出して地面に向けておきます。アキレス腱を伸ばさないポジションを取ります。

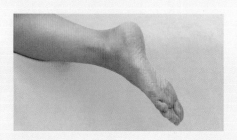

使用テープ

◉筋肉サポートテープ
幅50mm

テープの貼り方

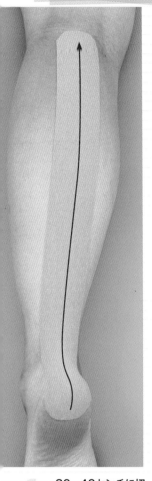

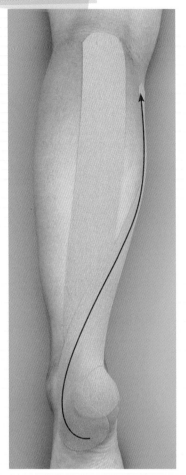

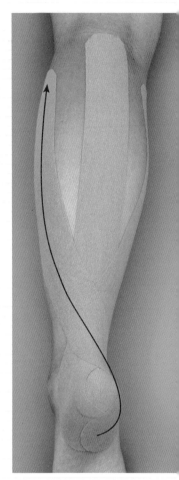

1 30～40センチに切った筋肉サポートテープを使用します。カカトの底面、中央の浅い位置から、アキレス腱をおおうように引き上げてヒザの裏まで貼ります。

2 カカトの底面の深い位置から、カカトの外側を通りアキレス腱の上で交差して、ふくらはぎの内側に貼ります。

3 2本目と同じ位置から、カカトの内側を通り、アキレス腱の上で交差して、ふくらはぎの外側に貼ります。

3本がふくらはぎを包み込むように貼ります。アキレス腱を圧迫しながら、伸展を制限することができます。

応用 アキレス腱の内側の痛み

カカトの骨が内側に傾き、アキレス腱の内側が伸ばされることで痛みを生じる場合のテーピングです。ハードタイプの伸縮テープを使い、しっかりとカカトごとアキレス腱を補強します。

使用テープ

◎ **伸縮テープ**
幅50mm

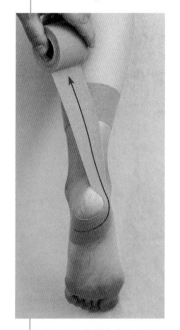

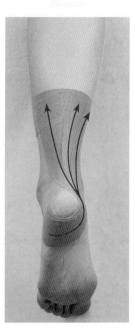

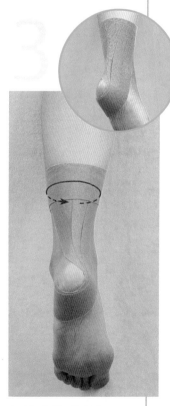

カカトの外側からカカトの下を通り、アキレス腱を横切り、ふくらはぎのアンカーの外側に巻き上げます。

2本目、3本目とも巻き始めの位置は同じです。カカトの内側から引き上げ、ふくらはぎの内側へズラしながら、アンカーまで巻き上げます。

ふくらはぎに仕上げのアンカーを巻きます。

PART **3**

脚部

ヒザの構造

ヒザは人体でもっとも大きな関節です。脚部の大きな動きを実現するのと引き換えに、とても不安定な構造となっています。ヒザは脛骨の上に大腿骨のボールを置いたような状態。ボールが安定するようにクッション役・安定板となる半月板と、4本のじん帯をテーピングでサポートしてケガを予防します。

横方向から力を受けると内側側副じん帯や外側側副じん帯が伸ばされます。また、ヒザを地面に強打すると後十字じん帯、足先が外側を向きヒザ下を内側にひねると、前十字じん帯を痛めます。

クッション役の半月板と
4本のじん帯で構成されるヒザ関節

　ヒザの関節は、太ももの骨である大腿骨とすねの骨である脛骨、ヒザのお皿と呼ばれる膝蓋骨で構成されています。大腿骨と脛骨の間にはクッション役となる半月板があり、周囲では4本のじん帯が支持しています。
　内外の動きには内側側副じん帯と外側側副じん帯が関わり、前後の動きには前十字じん帯と後十字じん帯が関係します。どんな動きにも対応できるように4本のじん帯でヒザを支えますが、常に負担が加わりじん帯損傷の危険と隣り合わせです。じん帯のサポートにテーピングを活用します。

ヒザの仕組み

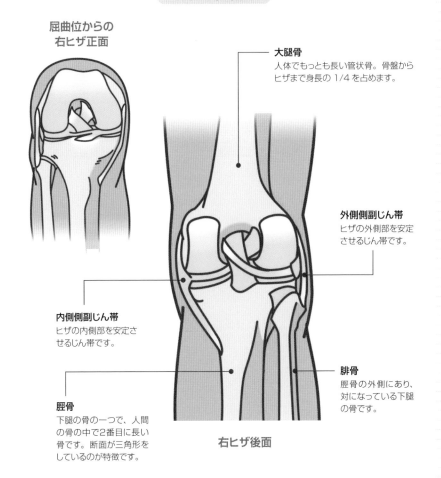

**屈曲位からの
右ヒザ正面**

大腿骨
人体でもっとも長い管状骨。骨盤から
ヒザまで身長の1/4を占めます。

外側側副じん帯
ヒザの外側部を安定
させるじん帯です。

内側側副じん帯
ヒザの内側部を安定さ
せるじん帯です。

腓骨
脛骨の外側にあり、
対になっている下腿
の骨です。

脛骨
下腿の骨の一つで、人間
の骨の中で2番目に長い
骨です。断面が三角形を
しているのが特徴です。

右ヒザ後面

内側側副じん帯の損傷
（ない　そく　そく　ふく　たい）

ヒザの内側を伸ばしたときのテーピング

動画を CHECK

症状

スポーツシーンで多い内側側副じん帯の損傷。転倒したり、体の外方向から力を受けてヒザが「くの字」に曲げられることで起こります。症状としては、ヒザの内側に体重を乗せると痛んだり、ヒザが十分に伸びない、ヒザがぐらぐらするような不安感など。早めに処置しないと慢性化してしまうので、外反を制限するテーピングをします。

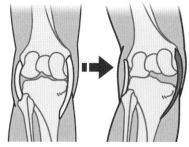

左ヒザの後面

正常な
状態のヒザ

外側から力を
受けている状態

ポジション

カカトを台に乗せて、ヒザを軽く曲げた軽度屈曲位の体勢で、じん帯の緊張を緩めてテープを巻きます。不安定な状態でテープを巻いていくことで、テープが人工のじん帯の役目となります。

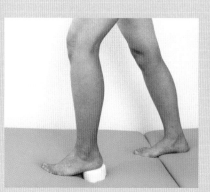

使用テープ

◉伸縮テープ
幅75mm

◉アンダーラップテープ
幅70mm

◉非伸縮テープ
幅38mm

◉伸縮テープ
（ハンディカットタイプ）
幅75mm

テープの巻き方

1 アンカー
▶▶▶P22

筋肉は力を入れると太さが変わります。それに対応するために、伸縮テープを使います。カカトに体重を乗せて、太ももとふくらはぎの筋肉を緊張させた状態で太もものアンカーとふくらはぎのアンカーに、必要以上に締め付けを加えずに巻きます。

※ここでは省略していますがアンダーラップテープをあらかじめ巻いておきます。

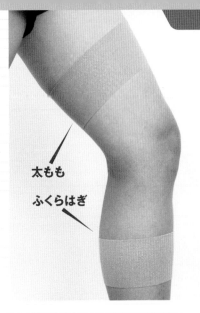

太もも

ふくらはぎ

2 Xサポート
▶▶▶P28

ふくらはぎのアンカーから太もものアンカーまで、ヒザの内側を通すようにして巻きます。

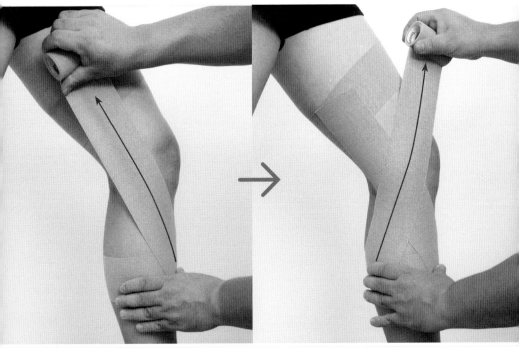

ふくらはぎのアンカーの正面、少し外側から巻き始め、斜めにヒザの内側を通し、太もものアンカーに向かって巻きます。

2本目は、ふくらはぎのアンカーの後ろ側から、ヒザの内側で1本目と交差するように通し、太もものアンカーに向けて巻きます。

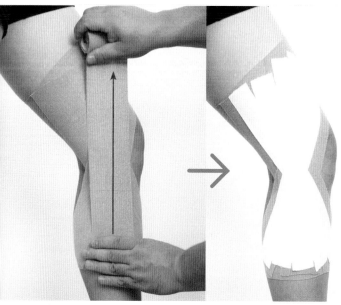

3

縦サポート
▶▶▶P29

Xサポートのあとに、縦サポートを巻きます。内側側副じん帯の真上で、3本のテープを交差させます。

ヒザの内側を、Xサポートの中央を通すように。縦サポートを真っすぐ1本ふくらはぎのアンカーより太もものアンカーへ巻きます。

さらに補強したい場合は、伸縮テープのサポートテープの上に、非伸縮テープを重ねて巻きます。

1本目

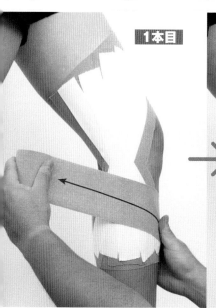

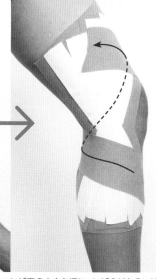

4

スパイラル
▶▶▶P38

ヒザがねじれると、内側側副じん帯に負担をかけます。それを伸縮テープをらせん状に巻いて抑えます。2本を対称的に巻き上げます。
※ここでは、補強テープを巻いた状態で進めていきます。

ふくらはぎのアンカーの外側から巻き始め、ヒザの真下、ヒザの内側を通り、らせん状にヒザ裏へ向かいます。

ヒザ裏の中央を通り、ヒザの外からヒザの上部に進めて、太もも正面を通り太もものアンカーまでらせん状に巻きます。

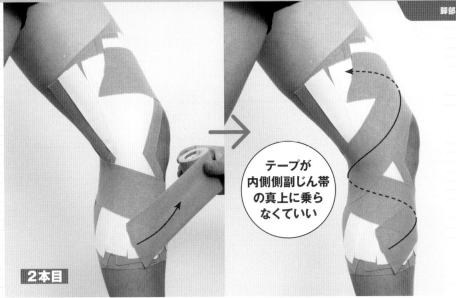

テープが
内側側副じん帯
の真上に乗ら
なくていい

2本目

2本目は、ふくらはぎのアンカーの内側から始め、ヒザ
下から外へ向かって巻きます。

ヒザの外からヒザの裏を経て、内側から太もものアンカーに
らせん状に向かいます。2本がヒザの真裏で交差するように
巻きます。

5 スプリット
▶▶▶P29

縦方向に巻いたサポートテープを、スプリット
で横から押さえて固定します。

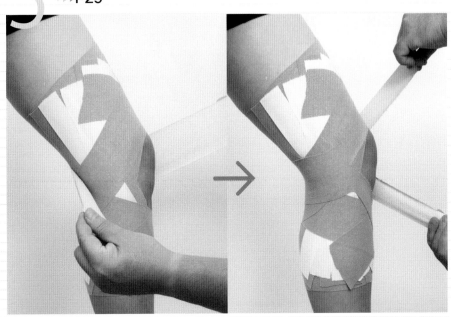

ヒザ裏からテープを当て、外側・内側にそれぞれ15
〜20センチ引き出しておきます。

テープの一方の端に切り込みを入れ、ヒザのお皿の上下にテー
プを開き、太ももとふくらはぎのアンカーに向かって巻きます。

front

※写真はスプリットだけを巻いたテーピングです

お皿に直接
テープを
かけない
ように

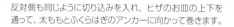

反対側も同じように切り込みを入れ、ヒザのお皿の上下を通って、太ももとふくらはぎのアンカーに向かって巻きます。

ヒザを包み込むような仕上がりになります。

6 アンカー
▶▶▶P22

初めのアンカーと同じ位置に、仕上げのアンカーを巻きます。一つ一つのサポートテープの端をおおい隠して、剥がれにくくします。

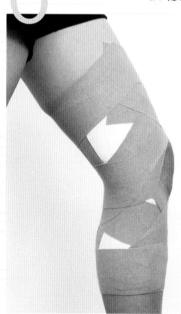

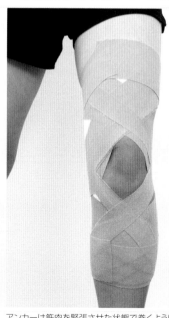

front

1のアンカーと同じ位置に、太ももとふくらはぎの仕上げのアンカーを巻きます。

アンカーは筋肉を緊張させた状態で巻くようにしましょう。ヒザのお皿にテープをかけないようにすることが大切です。

7 オーバーラップ

>>>P40

最後にオーバーラップを
巻いて完成です。テープ
の剥がれを防ぎ、固定力
を高めます。ふくらはぎか
ら太ももに向かって、ら
せん状に巻いていきます。

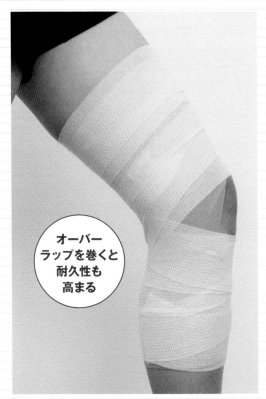

オーバー
ラップを巻くと
耐久性も
高まる

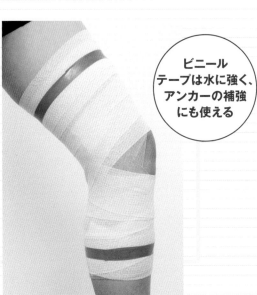

ビニール
テープは水に強く、
アンカーの補強
にも使える

巻き方の コツ

テーピングの耐久性を
より高めたい場合

太ももとふくらはぎのアンカーの
上に、ビニールテープを一巻きし
ておくと、汗や水などで剥がれに
くくなり、テーピングの耐久性が
さらに高まります。

ヒザ裏の痛み
ヒザの伸びすぎをサポートするテーピング

動画を
CHECK

症状

ヒザ関節に正面から強い衝撃を受けたときなどに、ヒザの裏が伸ばされ痛むことがあります。これは、可動範囲を超えたことにより出る痛みです。ひどくなると、太もも裏やふくらはぎの筋、ヒザのじん帯を痛めます。そこで、ヒザ裏をサポートするテーピングで、動きを制限していきます。

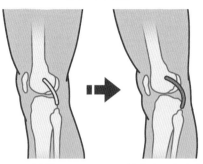

左ヒザ外側

正常な
ヒザの状態

前方向から力を
受けている状態

ポジション

カカトを台に乗せて、ヒザを軽く曲げて立つポジションを取ります。つま先方向に軽く加重して、ヒザの上下の筋肉を緊張させた状態で巻いていきます。

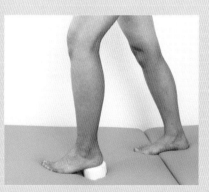

使用テープ

◎伸縮テープ
幅75mm

◎アンダーラップテープ
幅70mm

◎伸縮テープ
（ハンディカットタイプ）
幅75mm

テープの巻き方

1 アンカー
▶▶▶P22

太ももの内側の筋の、膨らみの上にあるくぼみに、太もものアンカーを巻きます。ふくらはぎのアンカーは、ふくらはぎの筋の一番太いところのやや下に巻きます。

※ここでは省略していますがアンダーラップテープをあらかじめ巻いておきます。

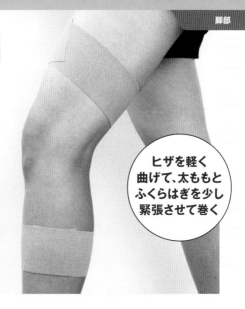

ヒザを軽く曲げて、太ももとふくらはぎを少し緊張させて巻く

2 Xサポート
▶▶▶P28

ヒザ裏の中心で交差するように、2本のXサポートを巻きます。ふくらはぎから太もものアンカーに向けて巻きます。

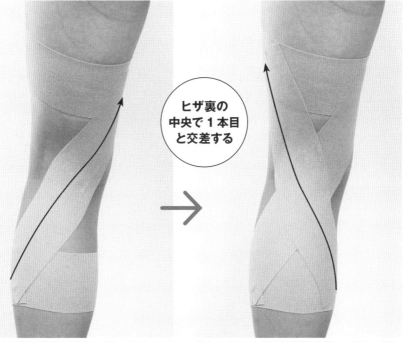

ヒザ裏の中央で1本目と交差する

ふくらはぎのアンカーの外側から、斜めにヒザ裏の中央を通り、太もものアンカーの内側に向かって巻きます。

ふくらはぎのアンカーの内から太もものアンカーの外側に向かって巻きます。

ヒザ裏で
交差した2本の
位置に重ねる

3 縦サポート
▶▶P29

2のXサポートの2本の
中央、ふくらはぎの中央か
ら太もも裏の中央へ真っす
ぐ縦サポートを巻き、バタ
フライ状にします。

4 スパイラル
▶▶P38

ヒザ裏で交差するように「8の字」に巻いて、ヒザが
伸びるのを制限します。テープの引き具合や重ねる本
数、巻くときの関節の曲げ具合で制限を調整します。

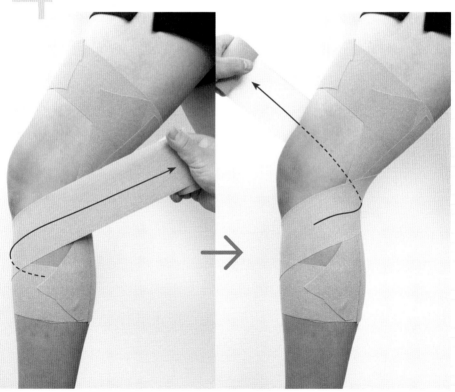

ふくらはぎのアンカーの内側から、前に向かってヒザ
下を通り外からヒザ裏へ巻きます。

ヒザの内側から太ももの前面に向かいます。

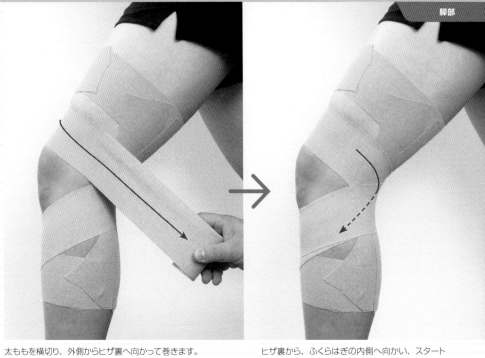

太ももを横切り、外側からヒザ裏へ向かって巻きます。

ヒザ裏から、ふくらはぎの内側へ向かい、スタート
の位置を通過して終わります。

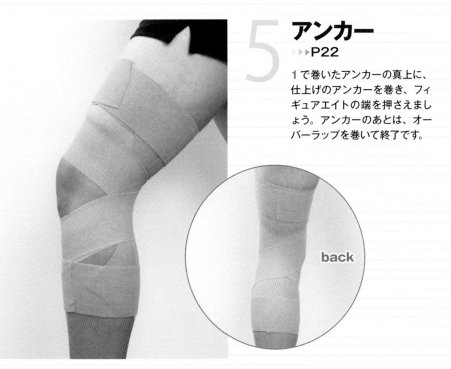

5 アンカー
▶▶▶P22

1で巻いたアンカーの真上に、
仕上げのアンカーを巻き、フィ
ギュアエイトの端を押さえましょ
う。アンカーのあとは、オー
バーラップを巻いて終了です。

back

ヒザが抜けるような不安
前十字じん帯をサポートする

動画を CHECK

症　状

ヒザのケガに前十字じん帯の損傷があります。このじん帯はひざ関節の前へのズレとねじれを制限する役割があります。すねの動きが前方への可動域を超えた場合に損傷します。激しいストップ＆ダッシュやジャンプの着地時に起こり、損傷するとヒザ全体が不安定になり、ヒザ下に痛みが出ます。そこで、テーピングで過伸展（かしんてん）とねじれを制限します。

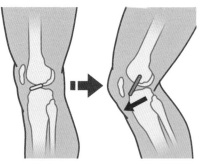

左ヒザ外側

正常な
ヒザの状態

すねが過度に前に押し
出され、ヒザ関節の
可動域を超えた状態

ポジション

カカトを台に乗せて、ヒザを軽く曲げたポジションを取ります。つま先に加重し、太ももとふくらはぎの筋を緊張させた状態で処置します。

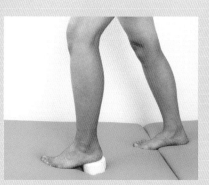

使用テープ

◉伸縮テープ
幅75mm

◉アンダーラップテープ
幅70mm

◉伸縮テープ
（ハンディカットタイプ）
幅75mm

テープの巻き方

1 アンカー
▶▶▶P22

太ももの内側の筋の、膨らみの上にあるくぼみに、太もものアンカーを巻きます。ふくらはぎのアンカーは、ふくらはぎの筋の一番太いところのやや下に巻きます。

※ここでは省略していますがアンダーラップテープをあらかじめ巻いておきます。

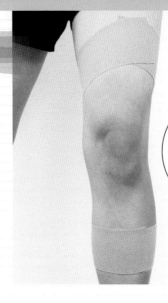

ヒザを軽く曲げて、太ももとふくらはぎを少し緊張させて巻く

2 Xサポート
▶▶▶P28

すねの骨の上端部（脛骨粗面）で、2本のテープが交差するようにXサポートを巻きます。さらなる補強が必要なら、起点の位置を上にズラして2セット目を巻きます。

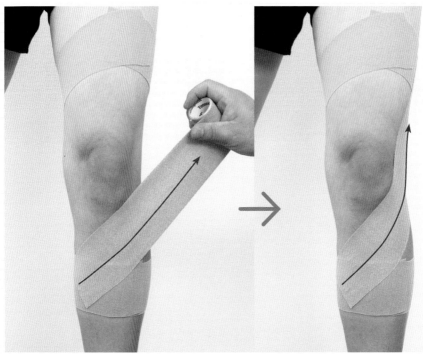

ふくらはぎのアンカーの内側から、すねの骨の上端をカバーするように通して上に向かいます。

ヒザの外側から太ももの側面に向かい、太もものアンカーまで巻きます。

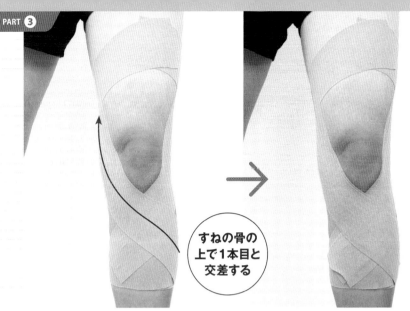

すねの骨の
上で1本目と
交差する

2本目は、1本目と左右対称にふくらはぎのアンカーの外側から、すねの骨の上端をカバーして太もものアンカーへ向かいます。

起点の位置を上にズラし、同じ要領で2セット目を巻きます。起点をズラしますが、交差する位置は変えません。

3 スパイラル
▶▶▶P38

ヒザの伸びすぎと、ねじれの制限を確実にするため、ふくらはぎから太ももへ、らせん状のスパイラルテープをヒザ裏で交差するように2本巻きます。

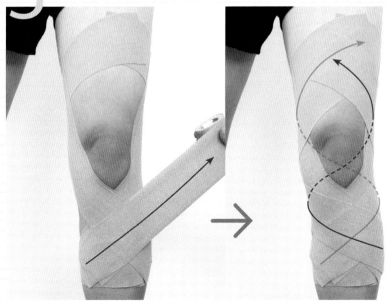

ふくらはぎのアンカーの内側からすねの前を通して、ヒザの外側からヒザ裏へ向かいます。

ヒザ裏を経て、内側から太ももの前に出して太もものアンカーへ。左右対称に2本目を巻きます。

4 スプリット
▶▶▶P29

Xサポートとスパイラルの固定を横から補強するため、スプリットテープを巻きます。ヒザ裏に水平に当てたテープの左右を15〜20cm引き出し一方の端に切り込みを入れ上下に裂いて巻いていきます。反対側も同じように切り込みを入れ巻きます。

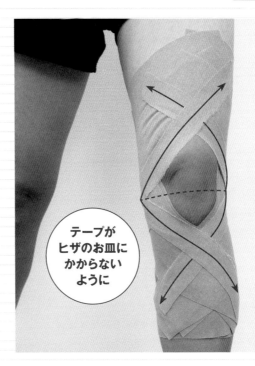

テープが
ヒザのお皿に
かからない
ように

5 アンカー
▶▶▶P22

サポートテープの端を抑えるために、ふくらはぎと太ももに仕上げのアンカーを巻きます。最後にオーバーラップを巻いて終了です。

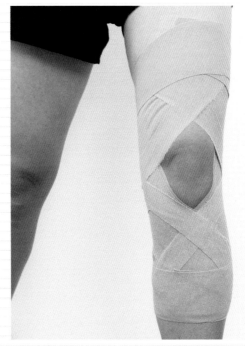

ジャンプするとヒザが痛む
ジャンパーズ・ニーとオスグッド痛の対処テープ

動画を
CHECK

症状

跳躍を繰り返したときに、お皿周辺やすねの骨の上端（脛骨粗面）が痛む。これがジャンパーズ・ニーです。ジャンプはヒザを曲げた状態から伸ばします。このとき太ももの前の筋（大腿四頭筋）が疲労して硬くなると、つながっている脛骨粗面が引っ張られてストレスがかかり痛みが出ます。または、ヒザのお皿の下にある膝蓋じん帯が炎症を起こします。オスグッド痛と呼ばれる成長期に現れる症状も同じ部位に痛みが出ますが、お皿周辺から大腿四頭筋にかけてをサポートすることにより緩和します。

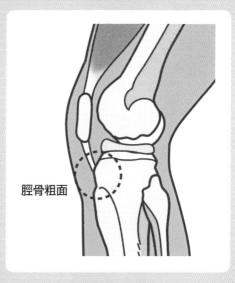

脛骨粗面

ポジション

カカトを台に乗せ痛みがない状態の姿勢から、ヒザを曲げて痛みを感じる直前の角度を見つけます。そのポジションを保ちテープを貼ります。

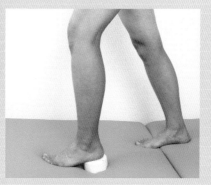

使用テープ

⦿筋肉サポートテープ
　幅75mm

1 スプリット
▶▶▶P29

テープを太ももの上からヒザ下までの長さに切り、下の端には 10 ～ 15 センチ切り込みを入れて、ヒザの上からお皿の周囲を囲むように貼ります。

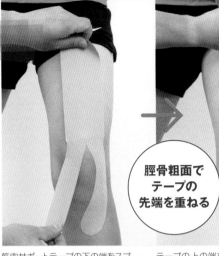

脛骨粗面でテープの先端を重ねる

筋肉サポートテープの下の端をスプリットし、ヒザのお皿を左右から囲むように貼ります。

テープの上の端を軽く引っ張りながら、大腿四頭筋に沿って真っすぐに貼ります。

2 縦サポート
▶▶▶P29

筋肉サポートテープを使い、すねの骨の上端から、お皿の外側と内側を通して太ももの上に貼り、大腿四頭筋をサポートします。

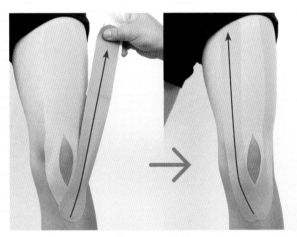

脛骨粗面からスタートし、ヒザのお皿の外側に沿って軽く引っ張りながら貼ります。

左右対称となるよう、お皿の内側に沿ってテープを上に引っ張りながら貼ります。

3 アンカー
▶▶▶P22

サポートテープを押さえるための仕上げのアンカーを、ヒザの上と下に一周貼ります。脛骨粗面で重ねたスプリットの端など、テープの先端をおおうように貼り、剥がれを防ぎ固定力を高めます。

119

応用 アンダーラップテープで対処

大腿四頭筋には4つの筋肉が集まり、ヒザのお皿を通って脛骨粗面に付いています。その途中の部位にアンダーラップテープを丸めて「節」とします。じん帯や脛骨粗面への負担を減らし、ジャンパーズ・ニーやオスグッド痛の痛みを和らげることができます。

動画をCHECK

使用テープ

◉アンダーラップテープ　◉ビニールテープ
　幅70mm

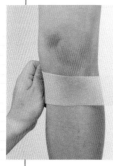

1 ヒザの下に、アンダーラップテープを引き伸ばしながら巻き始めます。

2 数周重ねて巻いて、ある程度の厚さにして止めておきます。

3 下の端からテープを指先で押して、丸めていきます。テープが元の半分くらいの幅になるまで丸めます。

4 上の端からも同様に行い、丸めて輪ゴム状にします。これがじん帯の途中で「節」の役割をして負担を減らします。

5 ビニールテープでズレないように上から固定して完成です。

応用 ランナーズ・ニーのサポート

ランニングの繰り返しで、薄筋や縫工筋（ほうこうきん）、半腱様筋（はんけんようきん）が疲労し、ヒザの内側の「鵞足（がそく）」と呼ばれる部分に炎症が起きることがあります。これらの筋肉に沿って、扇状に筋肉サポートテープを貼って症状を和らげていきます。

使用テープ

◉筋肉サポートテープ
幅50mm

1 薄筋へのサポート

ヒザの内側の痛む部分をおおうように、その下部から太ももの内側までテープを引っ張りながら貼ります。

2 縫工筋へのサポート

貼り始めを少し前にズラして痛む場所を通るように進め、太ももの真上まで引っ張りながら貼ります。

3 半腱様筋へのサポート

貼り始めを少し後ろにズラし、痛む場所を通るように進め、太ももの裏へ引っ張りながら貼ります。

巻き方のコツ

テーピングの代わりに専用ベルトを活用

ジャンパーズ・ニーやオスグッド痛の症状緩和のため、テーピングの代わりに手軽に着脱できる専用ベルトも市販されています。

ふくらはぎの構造

ふくらはぎに起きやすいトラブルは、シンスプリントやふくらはぎの肉離れ、筋肉がつる症状などです。どの傷害も筋肉疲労で炎症が起こり痛みを招きます。痛みの緩和に筋肉サポートテープを活用したテーピングを紹介します。

十分なウォーミングアップをせずに運動を始めたり、疲労の蓄積によって
筋肉が硬直したりすると、これらのトラブルが発生しやすくなります。

筋肉疲労で起こる肉離れや
筋肉がつるのが主な症状

　ふくらはぎは、太ももの裏側下からカカトまでつながっている腓腹筋と、ヒザ裏の下から始まるヒラメ筋で構成されています。

　この2つの筋肉を合わせて下腿三頭筋と言い、一つになった部分からカカトをつなぐのがアキレス腱です。

　ふくらはぎは足首を伸ばしたり（底屈）、ヒザを曲げる（屈曲）などの動作に関わっています。主に筋肉疲労で傷害が起こりますが、「つり」「こむら返り」「肉離れ」が多いです。肉離れは昔、テニスレッグと呼ばれた時期もあるほど、激しい運動でよく起こります。

ふくらはぎの仕組み

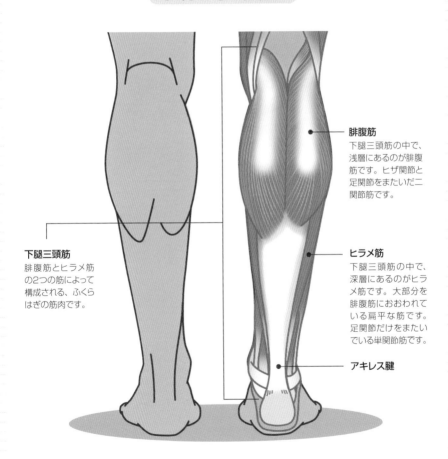

腓腹筋
下腿三頭筋の中で、浅層にあるのが腓腹筋です。ヒザ関節と足関節をまたいだ二関節筋です。

下腿三頭筋
腓腹筋とヒラメ筋の2つの筋によって構成される、ふくらはぎの筋肉です。

ヒラメ筋
下腿三頭筋の中で、深層にあるのがヒラメ筋です。大部分を腓腹筋におおわれている扁平な筋です。足関節だけをまたいでいる単関節筋です。

アキレス腱

ふくらはぎの肉離れや打撲

下腿三頭筋を圧迫し痛みを緩和する

動画を CHECK

症状

強い負荷がかかり、耐え切れずに損傷をきたすのが肉離れです。また、筋肉のつりは、十分にウォームアップしないで強い負荷を与えたり、与え続けて疲労した状態で起ります。中高年になると筋肉の柔軟性や強度が低下するため、軽い運動でも起りやすくなります。テーピングによる圧迫で痛みや不安を軽減しましょう。

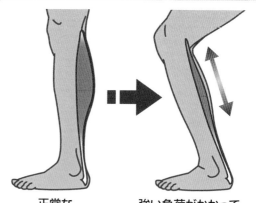

正常な
ふくらはぎの状態

強い負荷がかかって
損傷している状態

ポジション

台上でうつ伏せになり、足を伸ばします。つま先を立てずに足首を軽く伸ばし、ふくらはぎの筋肉に緊張を与えた状態で処置をします。

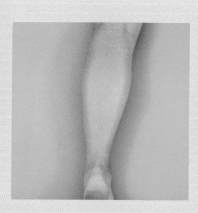

使用テープ

◉非伸縮テープ
幅38mm

◉伸縮テープ
（ハンディカットタイプ）
幅50mmまたは75mm

テープの巻き方

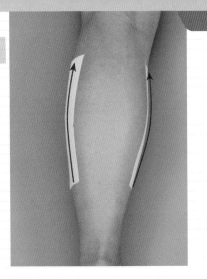

1 アンカー

▶▶▶P22

痛む箇所を特定し、そこを挟むようにして両側にアンカーを巻きます。腓腹筋のふくらみの下からヒザ下まで下から上に巻きます。

2 Xサポート

▶▶▶P28

アンカーの下から上に向かってXサポートを巻きます。ふくらはぎのふくらみをおおうように、やや扁平な「X字」の中心が、痛むところを縦に通るライン上で重なるように巻きます。

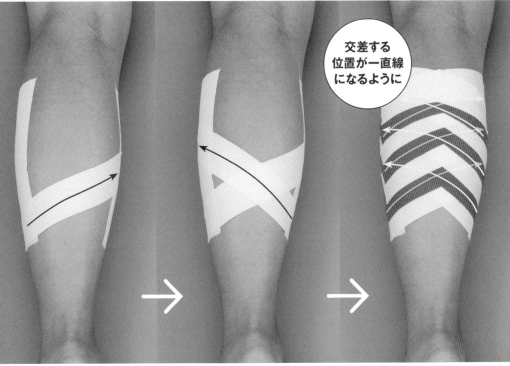

交差する位置が一直線になるように

1本目のXサポートは、外側アンカーの下から斜め上に、少し圧迫しながら巻きます。

2本目は、内側アンカーの下から外側の上に向かって巻きます。患部を挟み込むように縦のライン上で2本を交差させます。

上に1/2〜1/3ズラして重ねて巻きます。下から上に引き上げるように圧をかけていきます。

3 水平サポート
▶▶P27

外から内へ、内から外へと交互に水平にテープを重ねていきます。下から上に向かって巻いていきましょう。

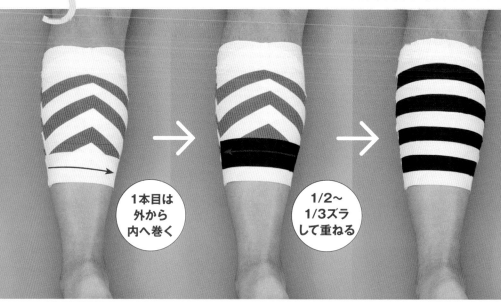

1本目は外から内へ巻く

1/2〜1/3ズラして重ねる

内・外のアンカーの一番下同士をつなぐように、水平にサポートを巻きます。

2本目は、上に1/2〜1/3ズラして内から外へ1本目とは逆方向に巻きます。

これを繰り返し、最後はアンカーの一番上部をつなぐように水平サポートを巻きます。

4 アンカー
▶▶P22

サポートテープの両端が剥がれないように、両側に仕上げのアンカーを貼っておおいます。そのあと、立ち上がった状態でオーバーラップを巻いて終了です。
※オーバーラップの代わりに、ふくらはぎ用のサポーターを代用する方法もあります。

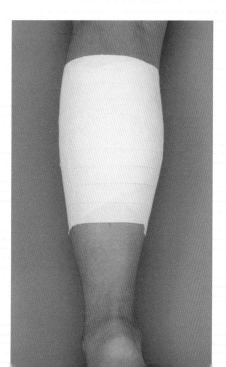

応用 つり防止テーピング

ふくらはぎのつり防止のテーピングです。筋肉サポートテープを 30 ～ 40cm くらいの長さに切って使います。ふくらはぎの筋肉に沿って貼ることで、人工の筋肉として筋肉への負担を軽減します。

※アキレス腱のサポートテープ（P98）と同じ要領です。

使用テープ

◉筋肉サポートテープ
幅50mm

1

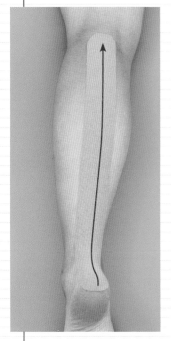

うつ伏せになり、軽く足首を伸ばします。カカトの下からヒザの裏まで、引っ張りながら真っすぐ貼ります。

2

2本目も、起点は同じです。ふくらはぎの膨らんだラインに沿って、内側に引っ張りながら貼ります。

3

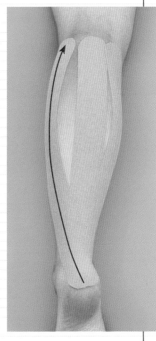

3本目も、起点は同じです。左右対称になるよう、ふくらはぎの外側のラインに沿って引っ張りながら貼ります。

すねの痛み
アーチを持ち上げ、すねの内側をサポート

動画を CHECK

症　状

初心者病と異名を持つシンスプリント。春先に新入生がいきなり負荷の高いトレーニングを課せられて発症することが多く、すねの内側に痛みが出ます。足底のアーチが落ち込んで、すねの周辺の小さな筋肉に負担がかかり炎症が起きます。すねの内側の筋肉と同時に、足底のアーチを持ち上げながらサポートすることで軽減できます。

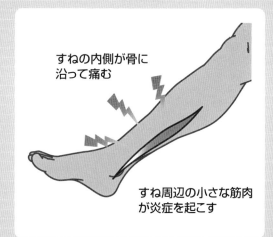

すねの内側が骨に沿って痛む

すね周辺の小さな筋肉が炎症を起こす

ポジション

ヒザを軽く曲げてカカトを着けておきます。足首の角度を90度にキープし、ふくらはぎを少し緊張させた状態で巻きます。指先には力を入れないようにします。

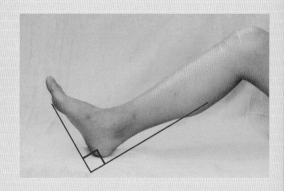

使用テープ

◉非伸縮テープ
　幅38mm

テープの巻き方　オープンタイプ

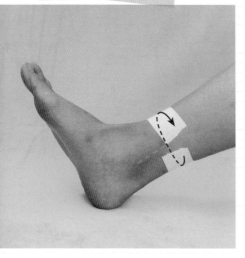

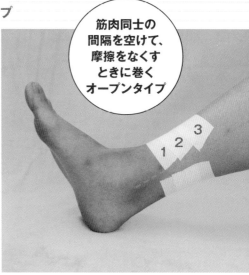

筋肉同士の
間隔を空けて、
摩擦をなくす
ときに巻く
オープンタイプ

1 内くるぶしの少し上より、筋肉同士の間隔が空くように引っ張りながら外から内に巻きます。

2 テープの幅の 1/2 程度をズラして重ね、同じように引っ張りながら全部で 3 本巻き上げます。オーバーラップを巻いて仕上げましょう。

テープの巻き方　クローズドタイプ

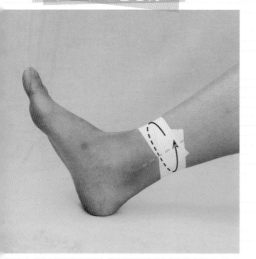

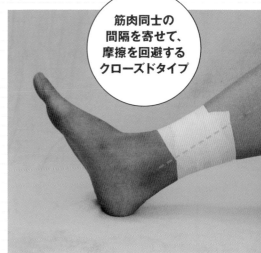

筋肉同士の
間隔を寄せて、
摩擦を回避する
クローズドタイプ

1 すねの骨の後ろ側から巻き始め、テープを引き寄せながら周回します。すねの骨を越えたところまで重ねて巻きます。

2 テープの幅の 1/2 ～ 1/3 ほどズラしながら重ねて、上に 3 本巻きます。オーバーラップを巻いて仕上げましょう。

太ももの構造

人体でも大きな筋肉とされ.る太もも。スポーツや日常での
様々な動きで、筋肉に異常がなく機能することで快適に過
ごせます。痛みが出ると、立つことや歩くことも困難になり
ますが、そんな事態を避けるためのテーピングを紹介します。

外傷による打撲やハムストリングのけいれんのほか、比較的重いものではダッシュや
ジャンプをしたときに筋肉が部分的に損傷する肉離れがあります。

太もも前側の大腿四頭筋と
後ろ側のハムストリングで構成される

太ももは、前側に大腿直筋、外側広筋、内側広筋、中間広筋の４つで構成される大腿四頭筋。後ろ側に半膜様筋、半腱様筋、大腿二頭筋で構成されるハムストリングという大きな筋肉があります。これらの筋肉で大腿骨をおおっているという構造です。

大腿四頭筋とハムストリングが、ヒザの曲げ伸ばしと股関節の動きを担っています。太ももの傷害でよくある症状に肉離れがありますが、ハムストリングに起こりやすいです。他に、ジャンプしたときに太ももの前面に痛みが出ることもあります。

太ももの仕組み

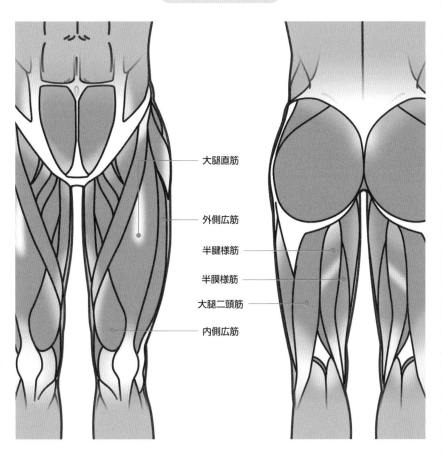

大腿直筋

外側広筋

半腱様筋

半膜様筋

大腿二頭筋

内側広筋

ハムストリングの肉離れ
幹部に圧迫を加えて痛みを軽減する

動画を
CHECK

症 状

激しいダッシュやジャンプなどの動作で筋線維や筋膜が部分的に損傷するのが肉離れです。ハムストリングの肉離れはランニング中にも起こります。運動を中断するほどの損傷なら、RICE処置をして専門機関へ行きましょう。テーピングは、治療やリハビリ時に患部を保護する目的で行います。痛みのある箇所を中心に圧迫するように包み込みます。

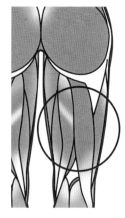

太もも後面の筋肉、
ハムストリング

ポジション

患部がハムストリングの場合は、うつ伏せに寝て足をやや持ち上げ、ヒザを少し曲げてハムストリングを緊張させて巻きます。

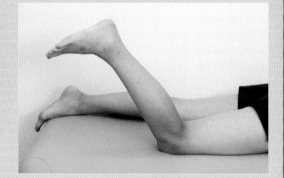

使用テープ

◎非伸縮テープ
幅38mm

◎伸縮テープ
（ハンディカットタイプ）
幅75mm

テープの巻き方

1 # アンカー
▶▶▶P22

患部を挟むように、太もも
の両側にアンカーを巻き
ます。アンダーラップは、
使用しない方が効果が高
まります。

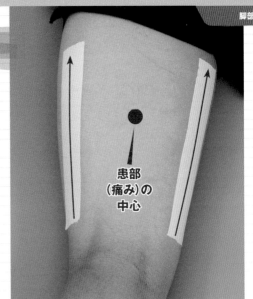

患部
（痛み）の
中心

2 # Xサポート
▶▶▶P28

患部を縦に通るライン上で交差するよう
に、Xサポートを巻きます。下から上へ徐々
に角度を浅くして、隙間なく巻きましょう。

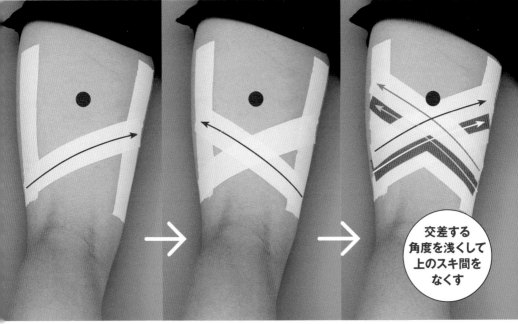

交差する
角度を浅くして
上のスキ間を
なくす

「末梢から中枢へ」の原則通りに、
外側の下から斜めに内側にテープ
を巻きます。

2本目は、患部を縦に通るライン上
で1本目に重なるように、内側から
斜め上に向けて巻きます。

1/2〜1/3 上へ向かってズラして
重ねて巻きます。交差する位置を揃
えることが大切です。

133

3 水平サポート
▶▶P27

Xサポートに水平サポートを重ねてサポート力を高めます。確実な張力で筋肉を引き寄せ、圧迫を与えるため、下から上へと重ねていきます。

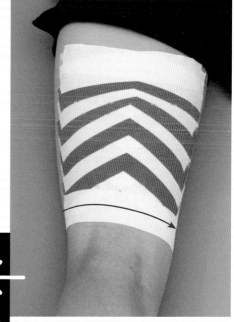

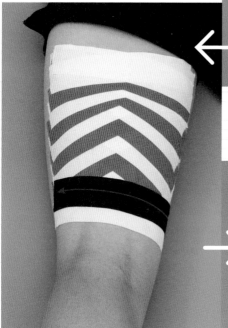

アンカーの下側から水平サポートを、外側から内側に引っ張りながら巻きます。

1/2 〜 1/3 ズラしながら上に重ねていきます。巻く方向を一巻きごとに交互に変えていきます。

1/2〜1/3 上に重ねて ズラしていく

両側のアンカーの上の高さまで巻きます。

4 アンカー
▶▶▶P22

サポートテープの剥がれを
防ぎ、テープの張力を維
持するため仕上げのアン
カーを1のアンカーの上に
巻いていきます。

両側に
アンカーを
巻く

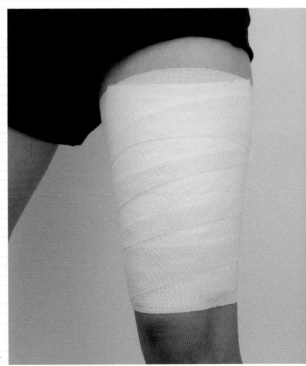

5 オーバー
ラップ
▶▶▶P40

サポート効果を安定させ
るため、ソフトな伸縮テー
プでオーバーラップをしま
す。立ち姿勢でテープをお
おいつくすように、下から
上に向けて巻き上げます。
※市販の太もも用の専用サポー
ターを代用しても OK です。

※写真は太もも前面です

135

太もも前面の打撲と肉離れ

「ももカン」の打撲も圧迫して和らげる

▶ 動画を CHECK

症状

太ももの前側はコンタクトスポーツで強打することが多く、打撲が起こりやすい部位です。押したり動かしたりすると痛み、筋肉が硬直してヒザの曲げ伸ばしにも影響します。強い打撃を受けると、筋肉が衝突物と大腿骨に挟まれて損傷します。軽度でも腫れや内出血をともなう場合もあります。肉離れと同様に太もも全体を圧迫して痛みを和らげます。

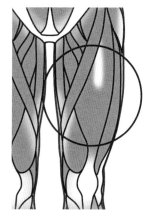

太もも
前面の筋肉、
大腿四頭筋

ポジション

立ち姿勢でカカトを台に乗せ、ヒザを少し曲げて体重を乗せ、太ももを少し緊張させます。

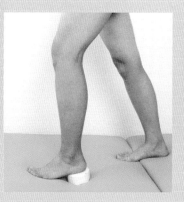

使用テープ

◉非伸縮テープ
幅38mm

◉伸縮テープ
（ハンディカットタイプ）
幅75mm

テープの巻き方

1

アンカー
▶▶▶P22

太ももを緊張させた状態でアンカーを巻きます。患部を中心に、太ももの両側に、真っすぐ巻きます。

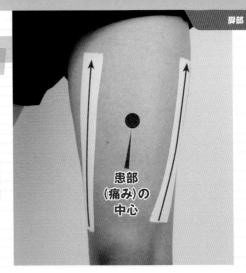

患部（痛み）の中心

2

Xサポート
▶▶▶P28

痛い部分を挟むように、Xサポートを巻きます。下から上へ重ねて、徐々に交差させる角度を浅くします。

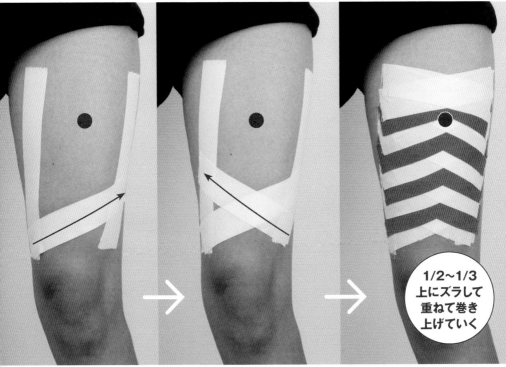

1/2～1/3
上にズラして
重ねて巻き
上げていく

1本目は、内側のアンカーの下から斜め上に外側に向かって、引っ張りながら巻きます。

2本目は、外側の下から斜め上に引っ張りながら巻きます。患部を縦に通るライン上で交差させます。

アンカーの上方までいったら、角度を浅くしながら巻きます。

3 水平サポート

▸▸▸P27

太ももの前面を均等に圧迫するように、水平サポートを巻きます。引っ張りながら巻き、下から上へ重ねていきます。

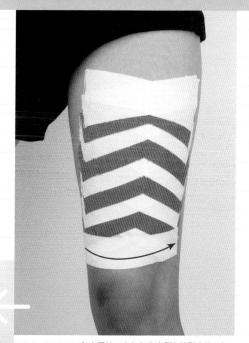

1本目は、太ももの内側と外側のアンカーの一番下の部分に巻きます。軽く引っ張りながら内から外へ巻きます。

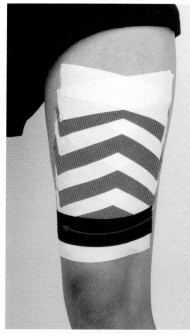

2本目は、1/2～1/3ズラしながら上に重ねていきます。巻く方向を1本目と逆にします。

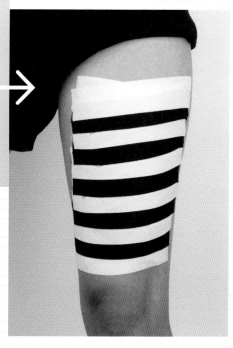

均等にズラしながら平行に重ね、張力のバランスを取りながらアンカーの上部まで巻いていきます。巻く方向は一巻きごとに交互に変えます。

4 アンカー
▶▶▶P22

サポートテープが剥がれないように、1で巻いた両端のアンカーと同じ位置に仕上げのアンカーを巻きます。

5 オーバーラップ
▶▶▶P40

ソフトタイプの伸縮テープを使って、下から上に向かってオーバーラップを巻きます。痛みのある太もも前面は圧迫しながら、後面は圧迫しないように巻くのがコツです。

※市販の太もも用の専用サポーターを使用しても OK です。

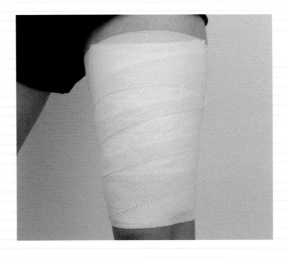

巻き方の コツ

痛みが足の中央からズレた位置にある場合

患部が左右にズレている場合は、X字の1本目は通常通り。2本目に巻く斜めの角度を調整することで交差する位置を調整できます。

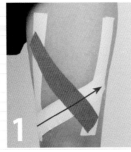

1 内から外へ巻く1本目は通常通りに巻きます。2本目の外から内の巻き方に角度をつけると交差位置を外側にズラせます。

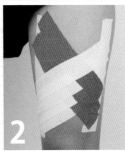

2 同じようにズラして重ね、交差位置を真っすぐ揃えます。

股関節の痛み
股関節の運動を助けるテーピング

症　状

股関節は太ももの骨と骨盤との連結部分であり、太ももの運動に関係します。痛みの原因は、股関節のズレです。太ももを開くのが股関節の外転、太ももを後ろに引くのが伸展です。どちらの動きで不安や痛みが起きているのかを確認し、テーピングの巻き方や巻く方向を変えて対処しましょう。

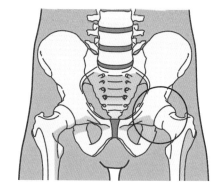

太ももの骨と骨盤を
つなぐ連結部分

ポジション

自然に立った状態で巻きます。痛みのある方の足を半歩前に出し、少し足の間を開いて巻きやすいポジションを取ります。

使用テープ

◉ 伸縮包帯 (バンテージ)

テープの巻き方　太ももを開くと痛い❶

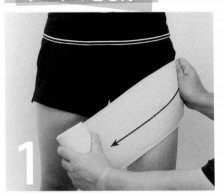

股関節を外転すると痛むときのテーピング。股関節の外側から前に引っ張りながら巻きます。

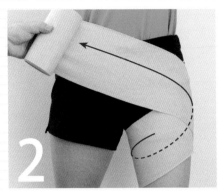

太ももの後ろに回して、初めの位置から前に運び、股関節の前を通します。

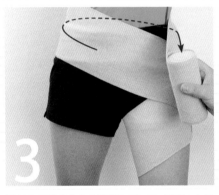

反対の骨盤の上から後部に回して、腰をおおうように股関節の前に巻きます。

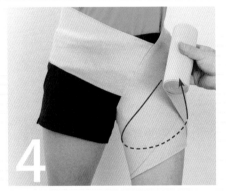

太ももを一周して股関節の外側へ、スタートの位置に戻ります。

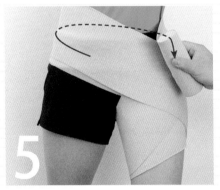

再び骨盤の上から腰部を回って、股関節の前に戻ってきます。

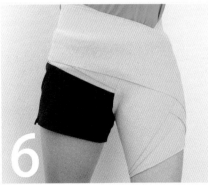

もう一度、太ももを一周させて、伸縮包帯（バンテージ）の端を止めます。

テープの巻き方　太ももを開くと痛い❷

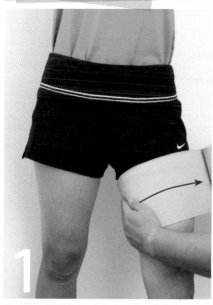

1 股関節を伸展させると痛む場合の巻き方です。太ももの内側から巻き始めます。

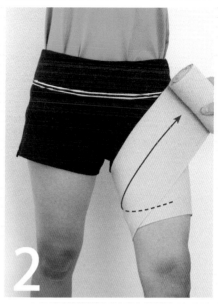

2 太ももを一周したら、太ももの内側から斜め上に、股関節の正面を通り、骨盤上側へ向かいます。

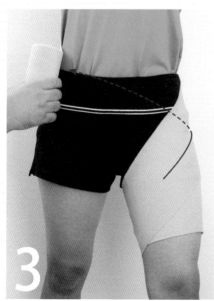

3 骨盤の上側から腰へ回し、反対側から前方に出してきます。

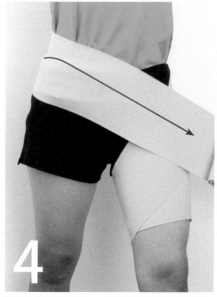

4 腰の上から前に出し、斜め下に股関節を横切って外側に持っていきます。

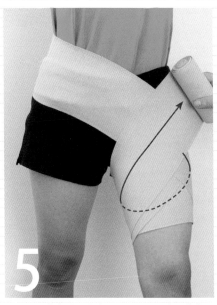

5

太ももの裏を外から内へ一周させます。前方に出てくるときに少し引っ張りながら巻きます。

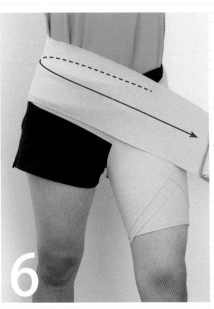

6

骨盤の上から腰を回り、反対から前に出し、斜め下に股関節を横切ります。

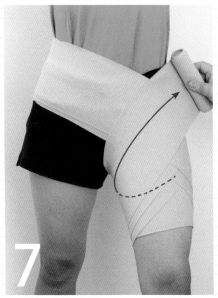

7

太ももの外側から裏へ回り、内側から引っ張りながら前に戻して股関節正面を通り骨盤へ運びます。

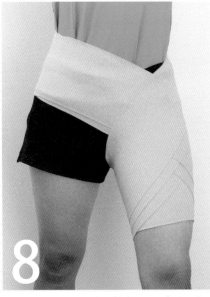

8

伸縮包帯（バンテージ）の端を止めて完成です。

ハムストリングのけいれん
筋肉疲労で起こるけいれんを予防する

動画を
CHECK

症　状

ハムストリングがけいれんするのは、疲労による緊張や、負荷のかけすぎによるストレスの蓄積、栄養バランスの乱れ、そして寒さによる冷えなどが主な原因です。他にも、肉離れを起こす一歩手前で筋線維が危険信号を出していることも考えられます。けいれんを防止するためには、ハムストリングの上に筋肉サポートテープを貼ること。そして、十分なストレッチです。

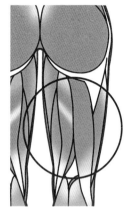

疲労などでハムストリングにストレスが蓄積される

ポジション

うつ伏せになり、ヒザを曲げて足先を少し浮かせます。ハムストリングを少し緊張させたポジションを取りましょう。

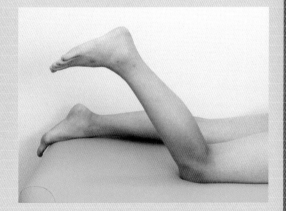

使用テープ

◎筋肉サポートテープ
幅50mm

テープの貼り方

1

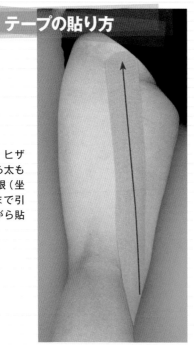

1本目は、ヒザ下内側から太ももの付け根（坐骨結節）まで引っ張りながら貼ります。

2

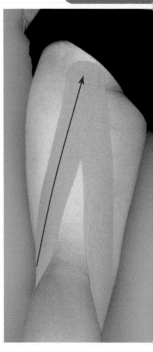

2本目は、ヒザ下の外側から太ももの裏を斜めに坐骨結節まで引っ張りながら貼ります。

3

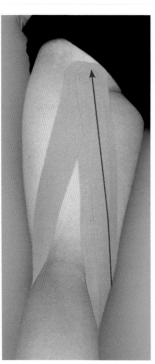

3本目は、1本目のテープから1/3程度上にズラして平行に貼ります。4本目のテープも同様に、2本目のテープからズラして平行に貼ったら完成です。

side

巻き方のコツ

ハムストリングの肉離れのときは、このテーピングに加え、P132の通常の肉離れに対するテーピングをする方法もあります。

145

突然のアクシデントによる外傷には身近な物で代用して固定する

　日常生活で突然ケガをしたとき、スポーツ現場のようにテーピングや応急処置の準備ができているわけではないでしょう。ですので、身近な物で最善の RICE 処置ができるようにしておきます。骨折や脱臼、じん帯損傷などの重症の場合、できる限りしっかり固定するようにします。

雑誌で腕を固定する

ヒジや前腕のケガならば、雑誌や新聞などを丸めて患部を包めば添え木として代用できます。患部を包んだ雑誌をヒモで結んで固定します。ヒモがなければ、ハンカチやタオル、バンダナで代用しましょう。

傘でヒザを固定する

ヒザの真横に傘をあてがい、上下をヒモで縛れば固定できます。

ベルトを三角巾の代用に

三角巾がなければ、ベルトを使って腕を吊るすだけでも固定の役割は果たせます。

体幹部
【腰・胸・首・肩】

腰の構造

上半身と下半身をつなぐ腰部は、文字通り体の構造の要として重要な役割を担っています。だからこそ、負担が蓄積しやすく傷害が起こりやすいのです。不具合を予防し、症状を緩和するテーピングを紹介します。

腰が突然痛む「ぎっくり腰」が有名です。他にも腰椎ねんざや椎間板ヘルニア、腰椎分離症があります。

腰は5つの脊椎で構成され
椎間板がクッションの役割を担う

腰は5つの腰椎で構成されています。腰椎同士は椎弓根でつながっており、椎体に挟まれた椎間板がクッションの役割を果たしています。脊柱に沿う脊柱起立筋や、腰椎と脚をつなぐ大腰筋、側屈を担う腰方形筋とお腹の筋肉が連動し、体を立たせ安定させています。腰の傷害の主な症状は、筋が収縮し硬直して戻らない状態の筋・筋膜性腰痛（ぎっくり腰）や、椎間板に圧力がかかり、髄核が飛び出して神経を圧迫する椎間板ヘルニア、腰椎の関節突起部分が疲労骨折する腰椎分離症です。

腰の仕組み

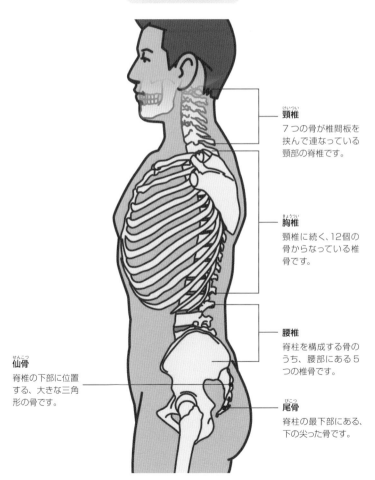

頸椎
7つの骨が椎間板を挟んで連なっている頸部の脊椎です。

胸椎
頸椎に続く、12個の骨からなっている椎骨です。

腰椎
脊柱を構成する骨のうち、腰部にある5つの椎骨です。

仙骨
脊椎の下部に位置する、大きな三角形の骨です。

尾骨
脊柱の最下部にある、下の尖った骨です。

149

腰の痛み
サラシを巻く感覚で腰の動きを制限する

動画を CHECK

症　状

腰の痛みは、脊柱起立筋などの筋肉疲労や緊張が原因で炎症を起こす腰椎症が主な症状です。立ったり座ったり、同じ姿勢を続けることでなります。急性のものはぎっくり腰といいます。また、急激な動きで椎間関節のじん帯や周囲の筋、腱を損傷することもあります。そこで、筋肉を寄せて圧迫をかけるテーピングで症状を緩和し、固定して動きを最小限に抑えます。

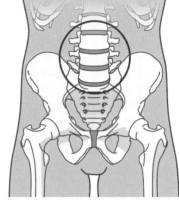

椎間関節の
じん帯や
周囲の筋、
腱が損傷する

ポジション

太ももの高さの台か壁に両手をつき、上体を軽く前傾させたポジションを取ります。腰は丸めず、脊柱を自然に伸ばして巻くと、必要な動きに対応できます。

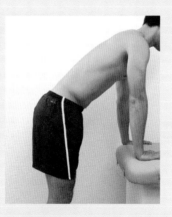

使用テープ

⊙ 伸縮包帯（バンテージ）

⊙ 非伸縮テープ
幅38mmまたは50mm

テープの巻き方

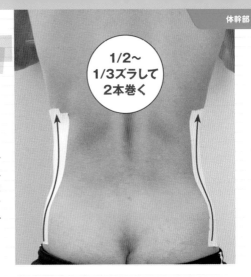

1/2〜
1/3ズラして
2本巻く

1 アンカー
▶▶P22

肋骨と骨盤をつなぐイメージで、両側に下から上に向かってアンカーを巻きます。それぞれ2本ずつ巻きますが、幅50mmのテープなら1本でもOKです。

2 Xサポート
▶▶P28

アンカーの下から斜め上に、強く引っ張りながら筋肉を寄せて、圧迫するようにXサポートを巻きます。

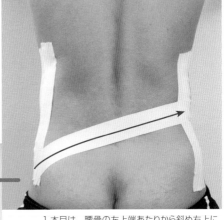

1本目は、腰骨の左上端あたりから斜め右上に、テープをしっかり引っ張りながら巻きます。

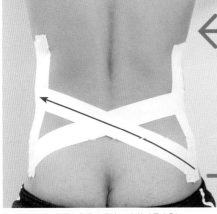

2本目は、1本目と背骨の真上で交差するように反対側の下から斜め上に巻きます。

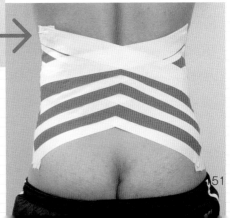

1/2〜1/3上にズラして重ねて交互に向きを変えて巻いていきます。テープの角度を浅くしていき、アンカーの上の高さまで巻き上げます。

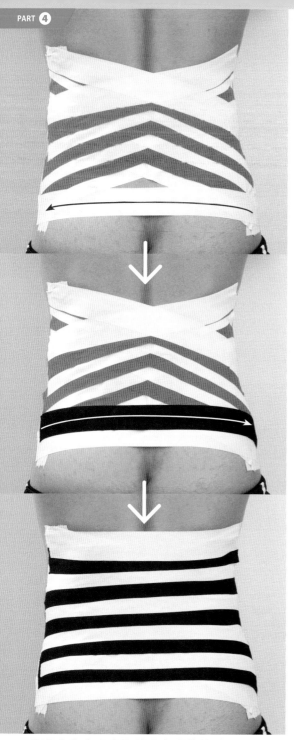

3 水平サポート
▶▶P27

テープの張力を補強するため、Xサポートの上から水平サポートを巻きます。テープを引っ張りながら、巻く方向は1本ずつ交互にします。

Xサポートの始点に合わせて、下から水平サポートを引っ張りながら巻いていきます。

1/2～1/3上へズラして重ねながら巻きます。右側から巻いたら、次は左側から巻きます。

下から上まで均等に筋肉を寄せて、圧迫するように巻いていきましょう。

4 アンカー
▶▶▶P22

両サイドに1本ずつ、サポートテープの端を始末する、仕上げのアンカーを巻きます。**1**で巻いたアンカーの真上の位置に巻きます。

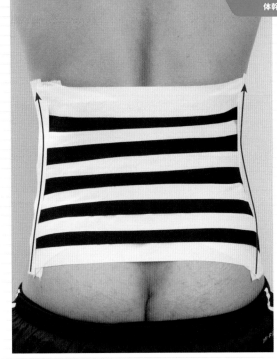

5 オーバーラップ
▶▶▶P40

最後にオーバーラップを巻きます。お腹に力を入れ腹圧を高めた状態で、幅広の伸縮包帯を下から上に巻き上げていきます。

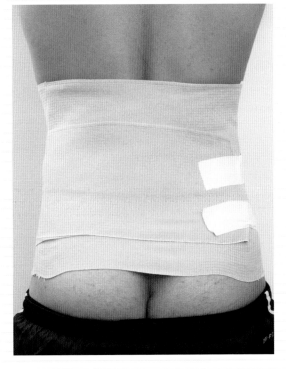

応用 筋肉サポートテープを使う

背筋に疲れがたまり腰に痛みが出る場合は、筋肉サポートテープを使い腰への負担を減らすために、背筋に沿ってテープを貼ります。テープは、30〜40cm程度に切って使用します。

使用テープ

◎筋肉サポートテープ
幅75mm

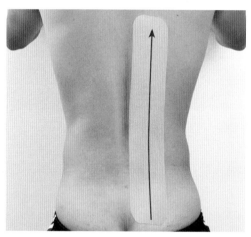

腰骨の上から肩甲骨の内側までの長さにテープを切り、背骨の右横に下から上に1本目を貼ります。

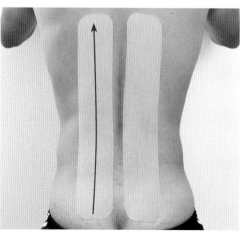

左右対称になるよう、腰骨の上から肩甲骨の内側まで、背骨の左横に2本目のテープを貼ります。

154

3

腰骨の上、1本目と同じ位置から広背筋に沿って腕の付け根に向けて、斜めに肩甲骨の外側まで3本目を貼ります。

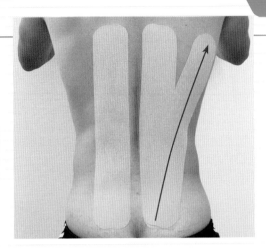

4

4本目も左右対称になるよう、逆側の広背筋に沿って貼ります。

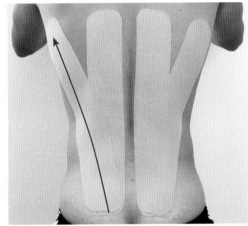

5

腰骨の上端の左右をつなぐように、5本目を水平に貼ります。2〜3本重ねて貼り骨盤を安定させましょう。

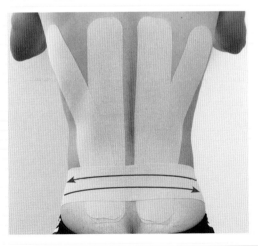

胸の構造

「胸板」という表現があるように、胸部は胸郭を厚い筋肉層がおおっています。心臓や肺など重要な臓器を保護している胸郭は、呼吸にともなって上下に動いて左右の幅を変化させます。この部位に違和感があると上半身全体の動きに差し障りが出ますので、テーピングでリポートします。

胸部の外傷で多いのが肋骨の打撲や骨折です。肋骨のダメージは骨膜を刺激するので、強い痛みをともないます。打撲と思っても深呼吸をして痛むのなら、骨折やヒビの可能性があります。

肋骨の外傷はテープで保護して
安静にすれば3週間で完治する

胸郭は肺や心臓を鳥かごのようにおおって保護しています。12個の胸椎と、12対の肋骨と胸骨で構成されています。肋骨と胸骨には胸肋関節があり、肋骨の上の7対は胸骨と接し、次の3対は一つに集まって胸骨につながります。残りの2対は胸骨と

関節を作らず浮遊しています。

胸部の傷害の主な症状は肋骨の外傷です。骨折の疑いがあるなら、体幹をねじることを避け安静を保てば3週間で完治します。他にも胸膜を損傷すると気胸（胸膜に穴が空く）を起こすこともあります。

胸の仕組み

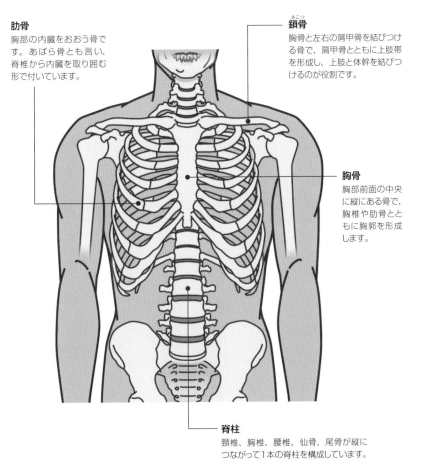

肋骨
胸部の内臓をおおう骨です。あばら骨とも言い、脊椎から内臓を取り囲む形で付いています。

鎖骨
胸骨と左右の肩甲骨を結びつける骨で、肩甲骨とともに上肢帯を形成し、上肢と体幹を結びつけるのが役割です。

胸骨
胸部前面の中央に縦にある骨で、胸椎や肋骨とともに胸郭を形成します。

脊柱
頸椎、胸椎、腰椎、仙骨、尾骨が縦につながって1本の脊柱を構成しています。

肋骨の痛み
圧迫と固定で肋骨の痛みを抑える

動画をCHECK

症状

肋骨を骨折すると、体幹の動きだけでなく、呼吸や腕を動かすだけで胸郭が動いて痛みます。骨折は外力を直接受けた箇所が折れるケースと、広い範囲に同時に力を加えられて、「鳥かごの枠」全体に負荷がかかり、弱い箇所が折れるケースがあります。いずれも痛みの中心を特定し、肋骨全体をおおうようにテーピングを巻き、肋骨全体をバランス良く圧迫・固定します。

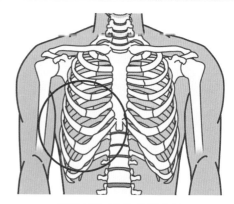

胸郭が動くと肋骨が痛む

ポジション

イスに座り上体を自然に立てるポジションです。痛みのある側の腕を、肩の高さに上げます。息を吐いた姿勢でテーピングをします。

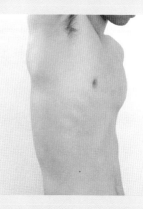

使用テープ

◉ **伸縮包帯**（バンテージ）

◉ **パッド**（スポンジ製）

◉ **非伸縮テープ**
幅38mmまたは50mm

テープの巻き方

1 アンカー
▶▶P22

患部を挟むように、肋骨の後ろ側である背部と、肋骨の前側である乳首の下にアンカーを巻きます。

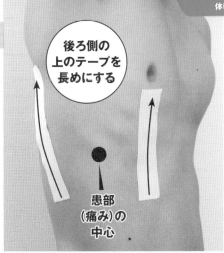

後ろ側の上のテープを長めにする

患部（痛み）の中心

2 Xサポート
▶▶P28

患部のある位置でテープが交差するように、下から上に向かってXサポートを巻いていきます。

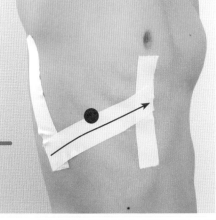

後ろ側の下から前方に向かって斜め上にテープを引っ張りながら巻いていきます。

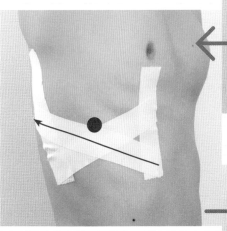

患部を縦に通るライン上で交差するように、2本目を下から斜め上に巻きます。

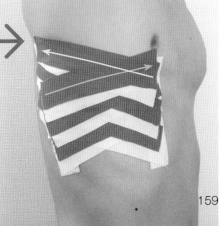

1/2〜1/3 上にズラして重ねて巻き上げます。巻く方向は交互に変えます。斜めの角度を浅くして、背中側のアンカーの長さに合わせて角度を調整します。

肋骨全体をバランス良く包むように、交差する位置が縦にきれいにつながるように重ねましょう。

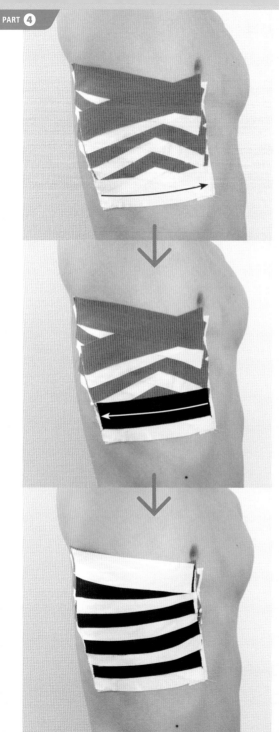

3 水平サポート
▸▸P27

Xサポートの張力を補強する
ため、水平サポートを巻きま
す。テープを下から上に重ね
ていく際、左右交互に引っ張
りながら圧迫をかけます。

アンカーの一番下の位置に、後ろから
前に向かって、1本目のテープを引っ
張りながら圧をかけて巻いていきます。

1/2 ～ 1/3 上にズラして前
から後ろに2本目を巻きます。
以降、同様にテープの巻く方
向を交互に変えて巻いていき
ます。

アンカーの長さに合わせて、後
ろ側のテープが長くなるよう調
整しておおいます。

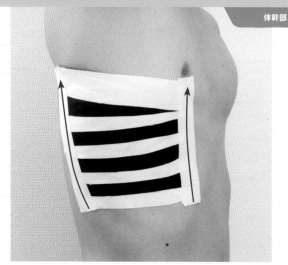

4 アンカー
▶▶P22

サポートテープが剥がれ
ないよう、仕上げのアン
カーを巻いてテーピング
全体の安定度を高めま
す。皮膚の弱い乳首にテ
ープがかからないように
注意します。

**患部の
大きさや場所に
合わせてパッドを
切り抜く**

5 オーバー
ラップ
▶▶P40

患部に直接外力が加わら
ないよう、保護する目的
でパッドをドーナツ型に
加工して当てます。その
後、全体を圧迫しながら
伸縮包帯を下から上に巻
き上げて固定します。

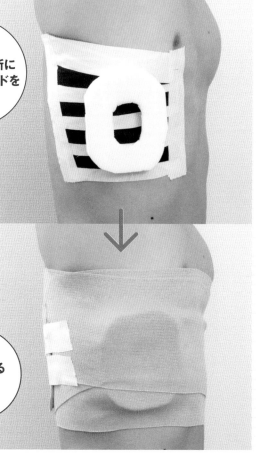

**呼吸が
楽にできる
圧力で
巻く**

首の構造

胴体と頭をつなぐ首の中には、脳からの中枢神経である
脊髄が通っています。重い頭と重要な部位を支えつつ、
前後左右に倒したり回したり、自由に動く必要のある部位
のため、首の外傷はしっかりテーピングで補強しましょう。

首の症状でよくあるのは頸椎ねんざです。強い衝撃を受けて筋肉が硬直した状態であるむち
打ちも含まれます。寝ちがえも、長時間不自然な同じ体勢でいたために首が固まった状態です。

首は前後左右に曲がり回旋する構造を持つ

首は第1頸椎から第7頸椎で構成されています。首は、前後左右に曲がり、回旋する構造を持ちます。そのため、筋肉も複雑に構成され、層をなしています。

もっとも浅い位置をおおっているのは、後頭部から肩、背中をつなぐ僧帽筋です。

よく「首が回らない」と言いますが、実はそれは体にとって危機的なトラブルです。頸椎の椎間板が損傷すると、頸髄という神経を刺激し、胸や手にしびれを起こします。他にも寝ちがえや、僧帽筋が硬直した肩こりも首のトラブルと言えます。

首の仕組み

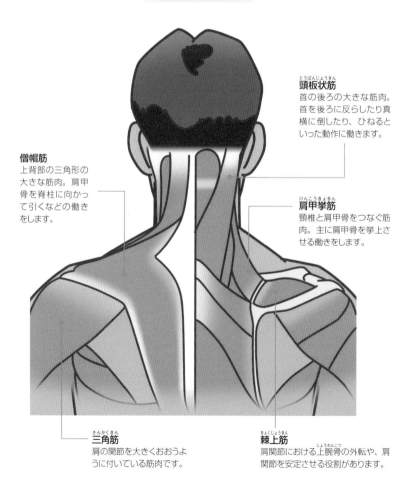

頭板状筋（とうばんじょうきん）
首の後ろの大きな筋肉。首を後ろに反らしたり真横に倒したり、ひねるといった動作に働きます。

僧帽筋（そうぼうきん）
上背部の三角形の大きな筋肉。肩甲骨を脊柱に向かって引くなどの働きをします。

肩甲挙筋（けんこうきょきん）
頸椎と肩甲骨をつなぐ筋肉。主に肩甲骨を挙上させる働きをします。

三角筋（さんかくきん）
肩の関節を大きくおおうように付いている筋肉です。

棘上筋（きょくじょうきん）
肩関節における上腕骨（じょうわんこつ）の外転や、肩関節を安定させる役割があります。

首をひねると痛む
首の筋肉に沿ってサポートする

動画を
CHECK

症　状

首をひねると違和感があったり、寝ちがえや肩こりは、首周りの筋肉の伸び縮みの力のバランスが崩れて痛みが出ている状態です。ストレッチでバランスを整え、血流を良くして疲労物質を取り除きます。ストレッチ前にアイシングで筋肉の緊張を取れば、痛みについての感覚の閾値が高まり、ストレッチ効果が上がります。テーピングは筋肉サポートテープを違和感のある筋肉に沿って貼ります。

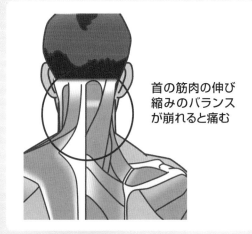

首の筋肉の伸び
縮みのバランス
が崩れると痛む

ポジション

イスに腰掛けた姿勢になります。軽く首を前に曲げたポジションを取り、テーピングをします。

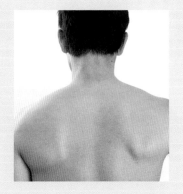

使用テープ

◎筋肉サポートテープ
幅50mm

テープの貼り方　**ねじれサポート**

1　首の後ろ、縦に走っている筋肉を横からおおうように貼り始めます。僧帽筋に沿って逆の肩の先まで筋肉サポートテープを貼ります。

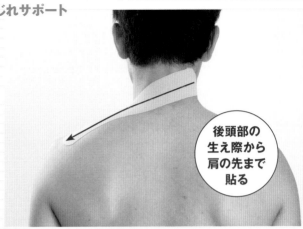

後頭部の生え際から肩の先まで貼る

2　左右対称となるように、逆サイドから逆の肩に向けて交差するように2本目を貼ります。ひねりの違和感が片方なら、一方向だけでOKです。

中央で交差するように

テープを重ねる場合、僧帽筋の広がりに合わせて、下側は扇状に広げて貼ります。

3　より強力なサポートがほしい場合は、下に向かって1/2〜1/3ズラして2枚重ねて貼ります。

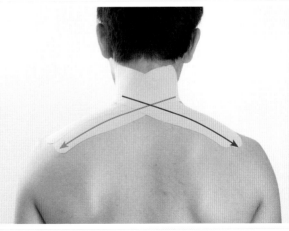

首からくる肩こり
首の重さを支える筋肉をサポート

動画を
CHECK

症 状

首の筋肉に縦につながっている脊柱起立筋や僧帽筋などは、重い頭を支え続けているため、疲労が蓄積しています。長時間同じ姿勢を続けることで、背中の上部から首の筋肉が緊張し硬直。血流が低下し酸素不足になります。対処法として、筋肉を収縮させて血流を促進させ疲労物質を流し、新鮮な酸素を取り込む必要があります。ストレッチが効果的ですが、痛みがあると筋肉が緩まないため、痛みを感じないようにする補助としてテーピングを施します。

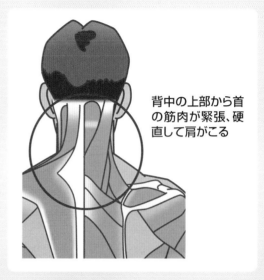

背中の上部から首の筋肉が緊張、硬直して肩がこる

ポジション

イスに腰掛けた姿勢になります。軽く首を前に曲げたポジションを取り、テーピングをします。

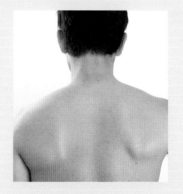

使用テープ

◉筋肉サポートテープ
幅50mm

テープの貼り方 　首のサポート

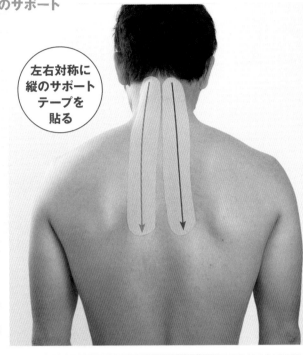

左右対称に
縦のサポート
テープを
貼る

1 テープは 25cm くらいに
切ります。後頭部の生え
際から、脊柱起立筋に沿
って縦に2本サポートテー
プを貼ります。

筋肉サポートテープの
剥がれを防止するため、
テープの角を丸く切り落
としておきます。

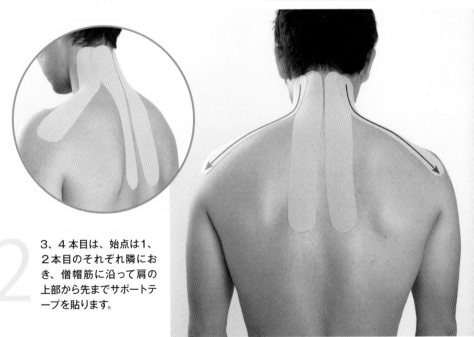

2 3、4本目は、始点は1、
2本目のそれぞれ隣にお
き、僧帽筋に沿って肩の
上部から先までサポートテ
ープを貼ります。

肩の構造

肩は様々に自由な動きができる分だけ、筋肉の結びつきや構造が
複雑です。そして、自由に動かせるだけに、故障する可能性も高い
部位です。肩を保護し動きをサポートするテーピングを紹介します。

肩関節は不安定で、とくに水平伸展し外旋したとき、前方に脱臼しやすくなります。
他にも、コンタクトスポーツでしばしば起こる肩鎖関節損傷があります。

肩鎖関節や胸鎖関節などとの
運動で肩の動きが出来上がる

　肩関節は、肩甲骨、上腕骨、鎖骨からなります。肩甲骨のくぼみに、上腕骨の球状の先端がはまった形の肩甲上腕関節が、いわゆる肩関節です。

　肩の動きは、肩鎖関節や胸鎖関節などとの連動で出来上がります。また、棘上筋、棘下筋、小円筋、肩甲下筋からなるローテーターカフと呼ばれる筋肉が、肩関節のバランスを取って支え動かしています。

　主に、外転、内転、屈曲、伸展、外旋、内旋、水平伸展、水平屈曲の動きに応じて、正しくテーピングを巻いていきます。

肩の仕組み

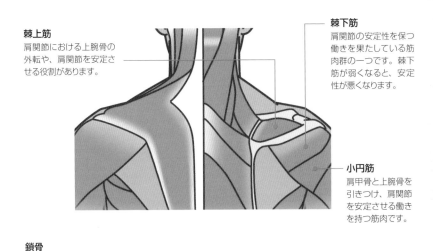

棘上筋
肩関節における上腕骨の外転や、肩関節を安定させる役割があります。

棘下筋
肩関節の安定性を保つ働きを果たしている筋肉群の一つです。棘下筋が弱くなると、安定性が悪くなります。

小円筋
肩甲骨と上腕骨を引きつけ、肩関節を安定させる働きを持つ筋肉です。

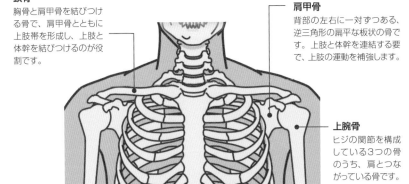

鎖骨
胸骨と肩甲骨を結びつける骨で、肩甲骨とともに上肢帯を形成し、上肢と体幹を結びつけるのが役割です。

肩甲骨
背部の左右に一対ずつある、逆三角形の扁平な板状の骨です。上肢と体幹を連結する要で、上肢の運動を補強します。

上腕骨
ヒジの関節を構成している3つの骨のうち、肩とつながっている骨です。

肩の脱臼の再発を防ぐ
肩関節の外転と外旋をテープで抑える

動画を
CHECK

症 状

肩関節は、水平まで上がった状態で腕を後方へ動かした（水平伸展）ときに、手のひらを上に向ける動作（外旋）をした状態で、腕を後ろへ強く押されると関節が外れて脱臼となり、関節周辺の組織を損傷してしまいます。肩関節は前方向に外れやすく、脱臼の再発を防ぐために、外転、外旋、水平伸展をしないように固定テーピングをします。

初めて脱臼したら、整復後3週間は確実に固定が必要

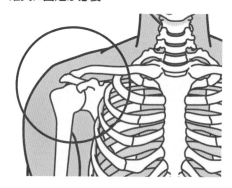

ポジション

座った姿勢で、テープを巻く側のヒジを曲げて、手を腰にあてがう。背筋を軽く伸ばして、胸を真っすぐに立てたポジションで処置します。

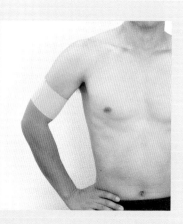

使用テープ

◉ 伸縮テープ
幅75mm

◉ 伸縮包帯（バンテージ）

テープの巻き方

1 アンカー
▶▶P22

上腕部と体幹部にアンカーを巻きます。
背中側は中央のくぼみで止めます。

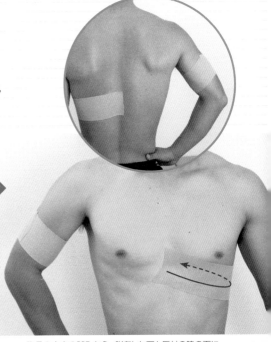

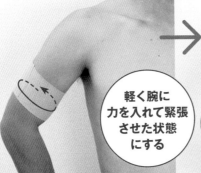

> 軽く腕に
> 力を入れて緊張
> させた状態
> にする

上腕部の一番太い部分の少しヒジ側（患部
より遠い側）に一巻きします。

胸骨の中央の凹みから、脱臼した肩と反対の脇の下に、
胸の筋肉の下側に沿って巻きます。

2 サポートテープ①
▶▶P24

腕を水平まで上げた状態での、後方への
動きを抑えるためのサポートテープです。
同時に肩の内旋も強調します。

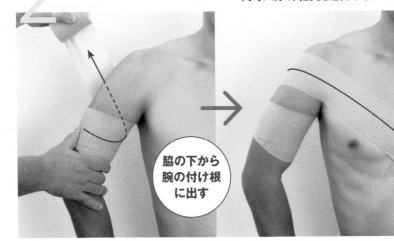

> 脇の下から
> 腕の付け根
> に出す

上腕のアンカーの上から内側に向かって
腕を一周します。

肩先より下を通し、肩の前をおおいます。斜め
に下りて反対側の体幹のアンカーまで巻きます。

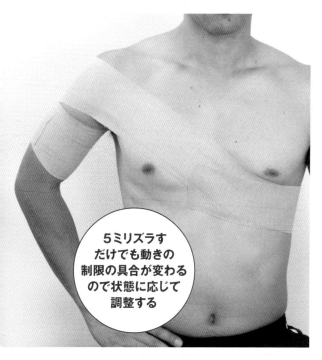

5ミリズラす
だけでも動きの
制限の具合が変わる
ので状態に応じて
調整する

3 サポートテープ②
▶▶P24

2と同様に、上腕のアンカーから体幹のアンカーまで、肩の角よりヒジ側にズラしながら、2~3本重ねて巻きます。

4 アンカー
▶▶P22

上腕の仕上げのアンカーは**1**と同じ位置に巻きます。体幹の仕上げのアンカーは、**1**と同様に巻いたあと、もう1本反対側の胸を半周して、両端を押さえるように巻きます。

背中の中央のくぼみの先まで巻き、**1**で巻いたアンカーの端に重ねます。

5 オーバーラップ
▶▶▶P40

幅広の伸縮包帯を使い、上腕部と体幹部を広く巻き上げます。2と同じように巻いていきます。

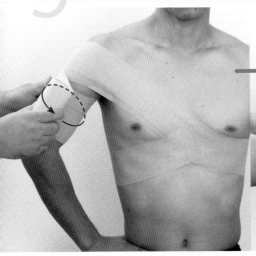

腕の前から巻き始め、脇の下を通して、腕の付け根より低い位置から前に戻ります。

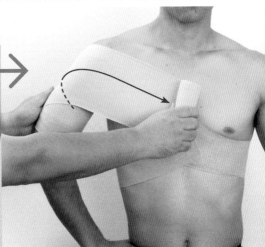

腕の付け根の少し下側をおおうようにして斜めに胸の前へと巻き込みます。

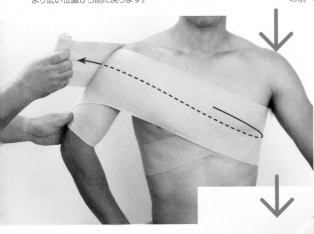

逆側の脇の下から背中へ進み、痛い方の腕の付け根の下に戻ります。

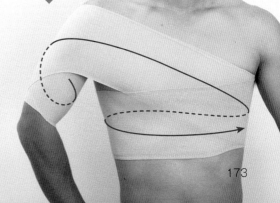

上腕を一巻きして、腕の付け根の下に出たら、胸に戻り脇の下から体幹を巻いて終わります。

173

肩鎖関節のねんざ
けん さ かん せつ
飛び出した鎖骨を押し込んで固定する

動画を
CHECK

症状

鎖骨の「S字」形状はバネとなり負荷を吸収しますが、その限度を超える衝撃が加わるとじん帯が損傷し、肩甲骨とのジョインである肩鎖関節から鎖骨の外端が浮いてしまいます。肩から地面に落ちるなど、肩の真横から強い衝撃を受けることで鎖骨が外れます。大人の場合は、じん帯に比べ鎖骨が強いので鎖骨は折れずにじん帯が損傷するのです。浮いた鎖骨を元の位置に戻すテーピングで固定します。

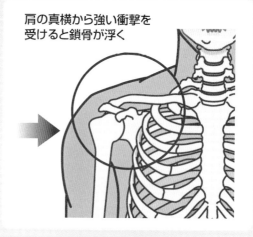

肩の真横から強い衝撃を
受けると鎖骨が浮く

ポジション

テープを巻く側のヒジを曲げ、手を腰に当てます。胸は真っすぐ伸ばし、肩関節が安定したニュートラルなポジションにします。息を吸って胸を広げた状態で巻きます。

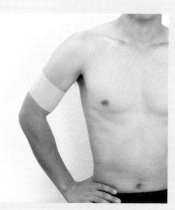

使用テープ

◉ 伸縮テープ
幅75mm

◉ パッド（スポンジ製）

◉ 非伸縮テープ
幅38mmまたは50mm

テープの巻き方

1 アンカー
▶▶P22

上腕部のアンカーは一番太い位置より少しヒジ寄りに巻きます。巻くときは上腕に力を入れておきます。体幹部のアンカーは、1本目を背中の中央から肩を通して胸の中央へ巻きます。首すじにはかからないようにします。2本目は、1本目と同じ位置から巻き始め、脇の下を通して1本目と同じ位置まで巻きます。

2 サポートテープ①
▶▶P24

肩鎖関節の上で交差するように、サポートテープを巻きます。腕のアンカーからテープを引き上げながら巻いていきます。

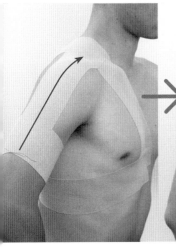

1本目は、腕の真横から肩鎖関節の真上を通って、真っすぐ体幹部のアンカーまで巻きます。

2本目は、腕の前面から肩鎖関節の真上を通り、体幹のアンカーの背中側に向けて巻きます。

3本目は、腕の後面から肩鎖関節の真上で交差させて、体幹のアンカーまで巻きます。

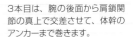

175

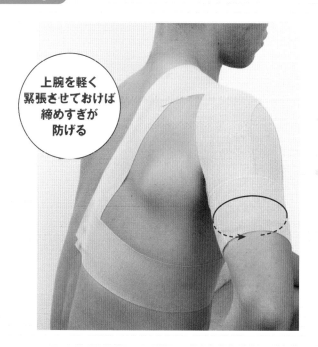

上腕を軽く
緊張させておけば
締めすぎが
防げる

3 アンカー
▶▶P22

腕に仕上げのアンカーを
巻きます。ここまでが第1
ステップです。腕を下から
上に引き上げるためのテ
ーピングが終了です。

4 サポートテープ②
▶▶P24

第2ステップは、鎖骨を上から直接押さえ込
みます。伸縮テープと非伸縮テープを併用し、
より強い力をかけて巻いていきます。

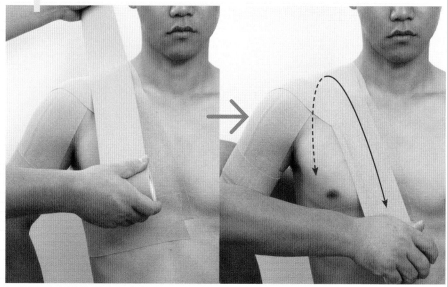

体幹のアンカーに沿って、肩の上から胸と背中に向
かって伸縮テープを巻きます。

前も後ろのテープも、強めに押さえるように下
に向かってアンカーまで引っ張ります。

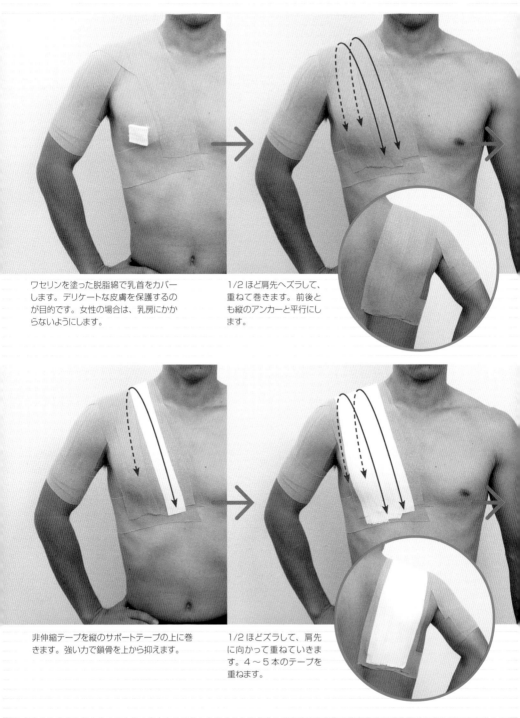

ワセリンを塗った脱脂綿で乳首をカバーします。デリケートな皮膚を保護するのが目的です。女性の場合は、乳房にかからないようにします。

1/2ほど肩先へズラして、重ねて巻きます。前後とも縦のアンカーと平行にします。

非伸縮テープを縦のサポートテープの上に巻きます。強い力で鎖骨を上から抑えます。

1/2ほどズラして、肩先に向かって重ねていきます。4～5本のテープを重ねます。

177

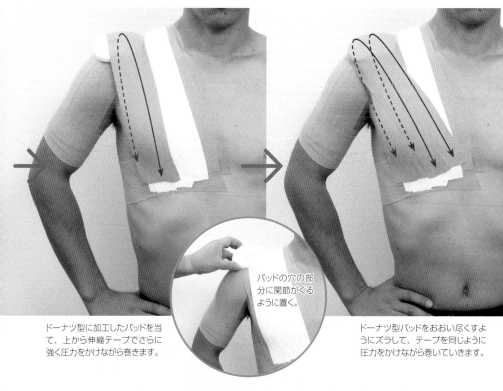

パッドの穴の部分に関節がくるように置く。

ドーナツ型に加工したパッドを当て、上から伸縮テープでさらに強く圧力をかけながら巻きます。

ドーナツ型パッドをおおい尽くすようにズラして、テープを同じように圧力をかけながら巻いていきます。

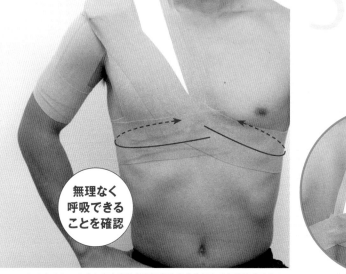

無理なく
呼吸できる
ことを確認

5 アンカー
▶▶P22

胸の筋肉の下に沿って仕上げのアンカーを巻きます。胸のアンカーに重ねるように、反対側の胸と背中まで回して固定します。

応用 ローテーターカフの補助

ローテーターカフ（回旋筋腱板）は、肩関節の軸を安定させながら、肩の動きを司っている筋肉群です。4つの筋肉のバランスが崩れたときに痛みが出ます。25cmほどに切った筋肉サポートテープで補助し、上腕骨の動きに対して安定感を与えます。

使用テープ

◎筋肉サポート
テープ
幅50mm

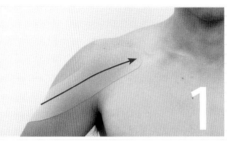

1 上腕の側面（**2**参照）より、腕の付け根である上腕骨頭の前をおおい、鎖骨の下に向けて貼ります。

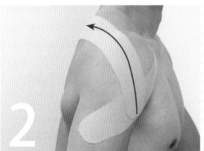

2 2本目は、上腕の前から肩先の出っ張りの外を通して、肩甲骨の上辺の内側に貼ります。

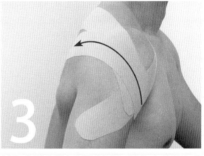

3 次に上腕の前から始め肩先で**2**と交差させて、肩甲骨の真ん中の内側に貼ります（**2**の終点の下）。

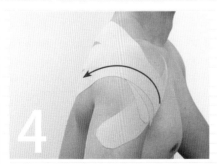

4 4本目は上腕の前から始め肩先で**2**、**3**と交差させて、肩甲骨の下の内側に貼ります（**3**の終点のさらに下）。

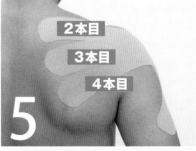

2本目
3本目
4本目

5 2、3、4は扇型に広がります。それぞれ上から棘上筋、棘下筋、小円筋に沿っています。

応用 発汗などによる固定力低下を防ぐ
剥がれにくいテーピング

肩や背中、体幹部はとても発汗しやすい部位です。伸縮テープなどの基本的なテーピングを巻いても剥がれやすく、競技をしていると10分もすればテープのズレが生じます。競技現場での悩みの一つでもありますが、粘着性の強い伸縮包帯を使用することで発汗による固定力低下を防ぐことができます。

使用テープ

◉ **伸縮テープ**
　幅75mm

◉ **粘着性の強い伸縮包帯**
　（皮膚保護用テープ）

1 サポート①
▸▸P24

胸から肩甲骨あたりまでしっかり貼ります。背筋を軽く伸ばして胸を真っすぐに立てたポジションで貼るとズレが生じません。

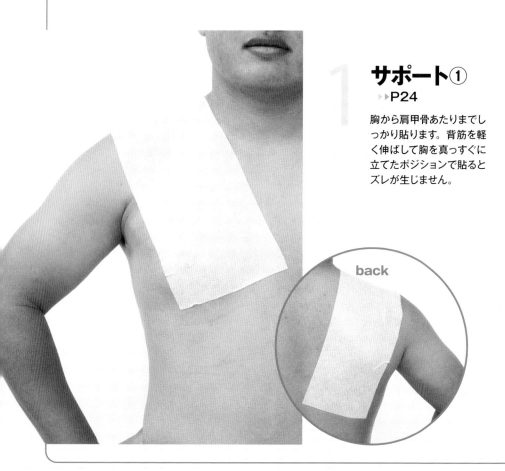

back

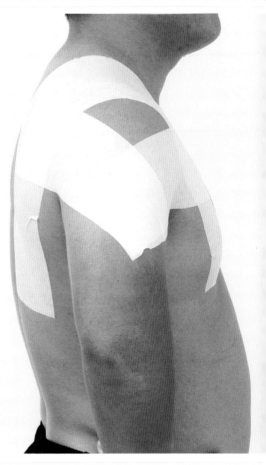

2 サポート②

▶▶▶P24

肩関節をサポートするために、三角筋の前後にテープをしっかり貼ります。サポート①のテープをアンカーとして使います。

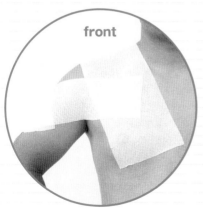

front

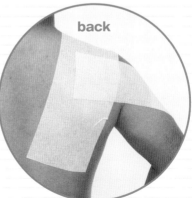

back

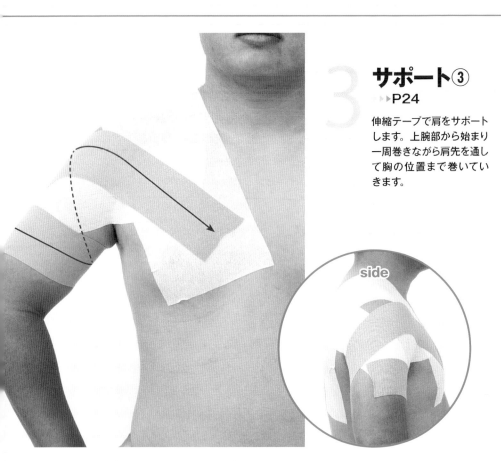

3 サポート③
▶▶P24

伸縮テープで肩をサポート
します。上腕部から始まり
一周巻きながら肩先を通し
て胸の位置まで巻いてい
きます。

side

巻き方のコツ

片側のテープだけで済むので
呼吸への負担が少なくなる

基本のテープのように伸縮テープだけで巻くときは、片側に
加えて反対側にもテープを巻きます。固定力は上がりますが
胸郭の動きがしづらくなります。しかし、この粘着性の強い
伸縮包帯を使用すれば、テープが片側でおさまるため、競
技中の呼吸への負担が少なくなるメリットが生まれます。

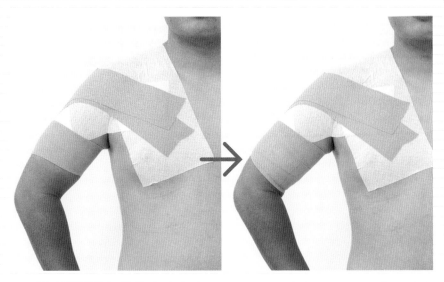

4 サポート④ ▸▸▸P24

サポート③と同様に、上腕から胸の位置までテープをズラしながら
2～3本巻いていきます。

5 仕上げのサポート
▸▸▸P24

仕上げに粘着性の強い伸
縮包帯を、胸から肩甲骨あ
たりまで貼ります。これで
完成です。

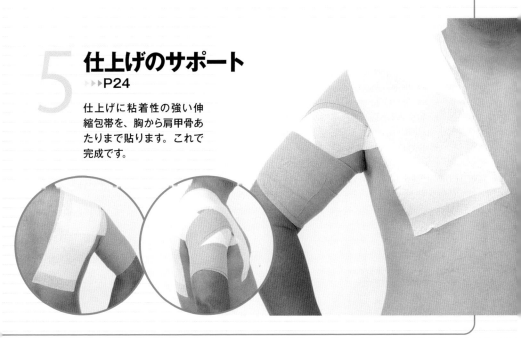

応用 四十肩に対処するテーピング

四十肩や五十肩など、強い痛みで腕を上げるのが困難になったときは、筋肉サポートテープを肩をおおっている三角筋に沿って貼り、腕の動きをサポートします。幅75mmのテープを、25cmほどに切って使います。

使用テープ

◉ 筋肉サポートテープ
幅75mm

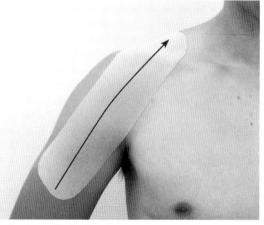

1

三角筋を包み込むようにテープを貼ります。手を腰に当て、ヒジを曲げた状態で、上腕の前側から肩先の前を通して鎖骨の上に貼ります。

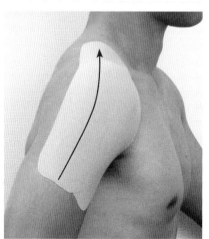

2

2本目は、1/2程度テープを後方にズラして平行に重なるように、上腕の上側から肩の真上に貼ります。

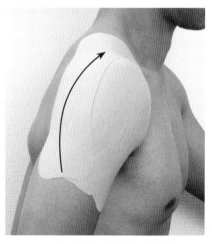

3

3本目は、さらに1/2程度ズラし、上腕の少し後方から肩の後ろへ貼ります。

腕部

ヒジの構造

ヒジは野球ヒジやテニスヒジなど、スポーツ傷害の名前がすぐに連想される
ほど、ケガの多い部位。曲げ伸ばしやねじりの動きも複雑なため、ケガの内
容も多様です。症状に合ったテーピングを巻いて、正しくサポートしましょう。

スポーツ動作のオーバーユースでストレスがたまりやすいのがヒジです。
俗に言う投球ヒジは、内側側副じん帯が伸ばされて起きることが多く、関
節が不安定になり、動かすと痛みます。

ヒジもヒザと同じで内側側副じん帯と
外側側副じん帯が支えている

ヒジ関節は、上腕の上腕骨と、前腕の小指側の尺骨と母指側の橈骨により構成されています。ヒザ関節と同じように内側側副じん帯と、外側側副じん帯が関節を支えています。

ヒジの関節の曲げ伸ばしは、上腕二頭筋と上腕三頭筋などを使い、ねじる動きは円回内筋や回外筋などが担っています。

ヒジの主な外傷は、内側側副じん帯の損傷、外側側副じん帯の損傷など。そして、ヒジが逆に伸ばされるヒジ関節の過伸展があります。

ヒジの仕組み

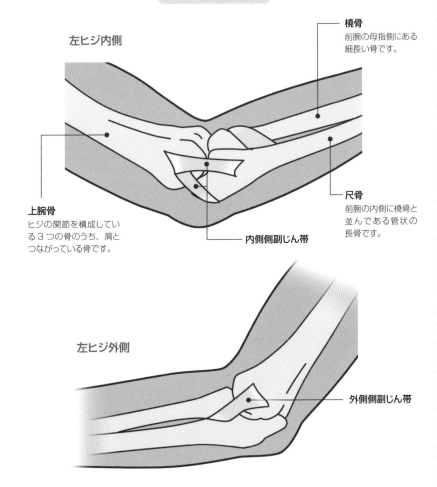

左ヒジ内側

橈骨
前腕の母指側にある細長い骨です。

上腕骨
ヒジの関節を構成している３つの骨のうち、肩とつながっている骨です。

内側側副じん帯

尺骨
前腕の内側に橈骨と並んである管状の長骨です。

左ヒジ外側

外側側副じん帯

内側側副じん帯の損傷
投球ヒジやテニスヒジのテーピング

動画を CHECK

症状

ヒジは、投球などでヒジが外側に反るような動作を繰り返すと、内側側副じん帯に炎症が起こりやすくなります。違和感があっても我慢して運動を続けてしまうと、悪化して慢性化するので気をつけましょう。構造的に、ヒジを動かすと内側に引っ張られる力がかかるため、投球動作やラケットを振る動作などで負担が蓄積します。テーピングでヒジの動きをサポートし、痛みや不安を取り除きます。

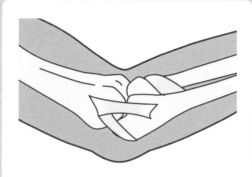

内側側副じん帯に
負担がかかり損傷する

ポジション

ヒジを45度くらいに曲げて手を軽く握ります。このポジションにすれば、上腕と前腕を適度に緊張させた状態でテープが巻けるので、締め付けすぎを防げます。

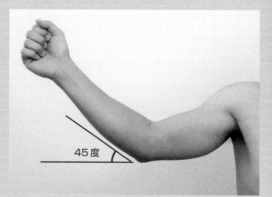

45度

使用テープ

⦿伸縮テープ
幅50mm

⦿非伸縮テープ
幅38mm

⦿伸縮テープ（ハンディカットタイプ）
幅50mm

テープの巻き方

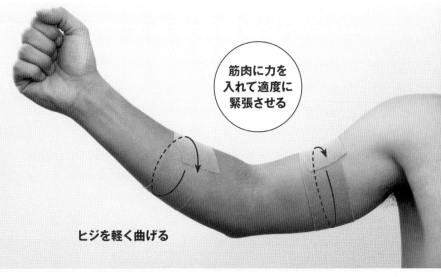

筋肉に力を
入れて適度に
緊張させる

ヒジを軽く曲げる

1 アンカー
▶▶▶P22

前腕部のアンカーは、ヒジから 10 ～ 15cm ほど手首側に寄った一番太いところの先に一周させます。上腕部のアンカーは、力こぶの一番太いところよりやや肩側に一周巻きます。

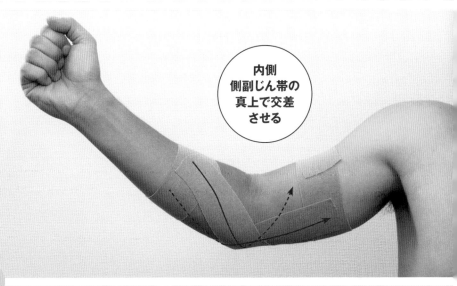

内側
側副じん帯の
真上で交差
させる

2 Xサポート
▶▶▶P28

前腕の内側と外側から斜めに、内側側副じん帯の上を通り、上腕のアンカーへ、伸縮テープで X サポートを巻きます。

189

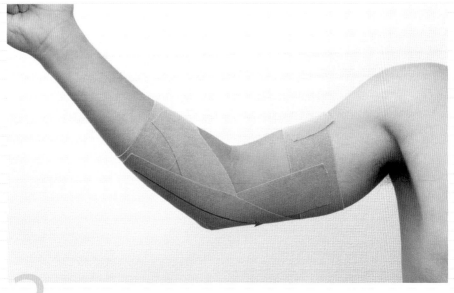

3 縦サポート
▶▶▶P29

内側側副じん帯の真上を通るように、
伸縮テープで縦サポートを巻きます。

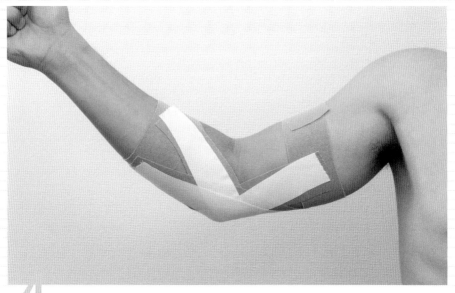

4 Xサポート
▶▶▶P28

必要に応じて、伸縮テープのXサポートの上に、
非伸縮テープでXサポートを巻きます。こうする
ことで、固定力が強くなります。

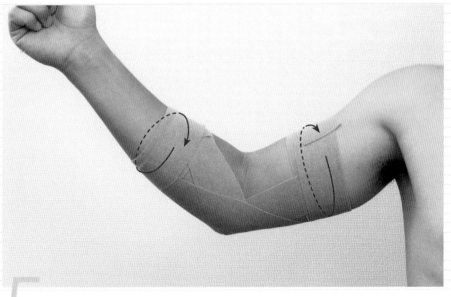

5 **アンカー**
▶▶▶P22

1のアンカーの位置から、それぞれヒジより少し離れる方向にズラし、サポートテープを安定させるための仕上げのアンカーを巻きます。

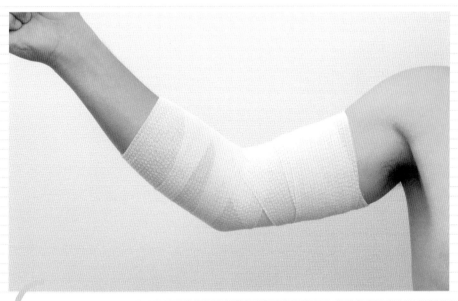

6 **オーバーラップ**
▶▶▶P40

前腕から上腕に向かって、ハンディカットタイプの伸縮テープで、全体をおおうようにオーバーラップを巻き上げます。

191

テニスヒジのサポート
筋肉サポートテープでヒジの外側を補強

動画を
CHECK

症 状

テニスヒジとは、ラケットスポーツでのヒジのオーバーユースで、ヒジ関節周囲に痛みが出ることです。片手で衝撃を受け続けることで、ストレスが限界に達して痛みます。ヒジの外側の上腕骨外側上顆という突起部分周辺で、ときに前腕伸筋群起始部に炎症が起こります。外側型、またはバックハンドテニスヒジとも言われますが、最近は両手打ちの技術の浸透で減少傾向にあります。筋肉サポートテープで補強し、痛い部分の少し下に圧を加えます。

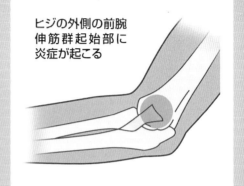

ヒジの外側の前腕
伸筋群起始部に
炎症が起こる

ポジション

外側型のテニスヒジの処置のポジションは、脇を開けてヒジを体から離し、ヒジから先を軽く折って下に垂らします。そして、手のひらを後ろに向けた状態で行います。

使用テープ

⦿ 筋肉サポートテープ
幅50mm

⦿ 非伸縮テープ
幅19mm

テープの貼り方

1 サポート テープ①
▶▶▶P24

筋肉サポートテープをヒ
ジから手首の骨まで貼り
ます。ヒジ外側の突起の
上から前腕伸筋群に沿っ
て、親指の付け根まで軽
く伸ばしながら貼ります。

テープは
20〜25cm
くらいに長さを
揃えて角を
落としておく

2 サポート テープ②
▶▶▶P24

ヒジ外側の突起の上から
指に向かい、総指伸筋、
短橈側手根伸筋に沿って1
本目を貼ります。

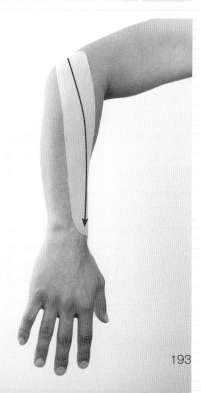

193

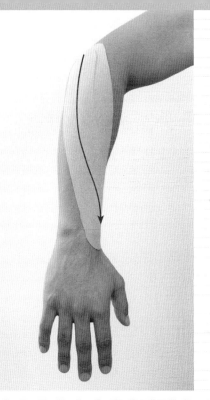

3 サポート テープ③
▶▶P24

1本目のテープからヒジの外へズラして重ねて、2本目のテープを貼ります。アーチ型にして筋肉の太さに対応します。

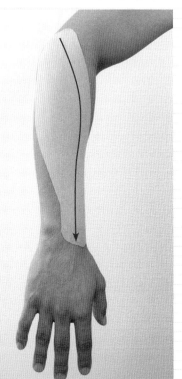

4 サポート テープ④
▶▶P24

3本目は、2本目とは反対側にズラして、アーチ型に貼ります。筋肉をすべてカバーするように貼ります。

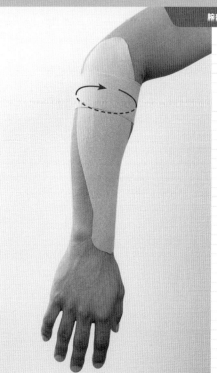

5 圧迫①

とくに痛みのある部分の
少し下に、筋肉サポートテ
ープを一周巻いて圧迫し
ます。少し締め付ける感
覚で貼ります。

6 圧迫②

必要に応じて、非伸縮テープで補強します。
5と同じ位置に重ねて一周巻きます。圧を
加えて筋肉の負担を減らします。

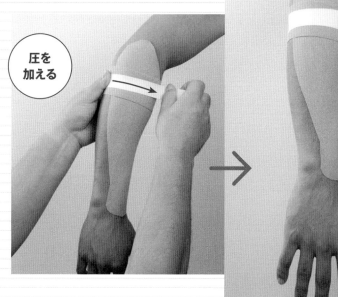

圧を
加える

ゴルフヒジの痛み
ヒジ内側の突起周辺の痛みを抑える

動画をCHECK

症　状

ヒジの内側の上腕骨内側上顆という、突起周辺が痛むのがゴルフヒジです。内側上顆周辺は、前腕屈筋群の起始部で、引き伸ばされる動作が繰り返されると炎症を起こします。急激に強い力で受傷した場合は、筋肉の安静をはかります。痛みが軽減したら、筋肉を圧迫し手関節を固定するテーピングを行います。予防としても活用できます。

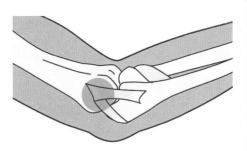

ヒジの内側の上腕骨内側上顆が損傷

ポジション

脇を開けて腕を体から離すように軽く上げます。ヒジは曲げて、ヒジから先を少し上げるポジションを取ります。手は握って前腕を緊張させておきましょう。

使用テープ

◉筋肉サポートテープ
幅50mm

◉非伸縮テープ
幅19mm

テープの貼り方

1本目は、ヒジの内側の突起をおおうように手首まで真っすぐ貼ります。

1 サポートテープ

▶▶▶ P24

テープを20〜25cmほどに切り、角を落とし丸くしておきます。小指側のヒジの突起から手首の小指側の筋肉に沿って、少し引っ張りながら3本平行に貼ります。

2本目は、やや内側に、前腕屈筋群が太くなるのに合わせて、アーチを描いて貼ります。

3本目は、2本目とは逆側にズラし、腕の裏側にアーチを描いて筋肉をおおうように貼ります。

2 圧迫

痛い部分から手首側に少し寄ったところに、軽く締め付けるように筋肉サポートテープを貼ります。

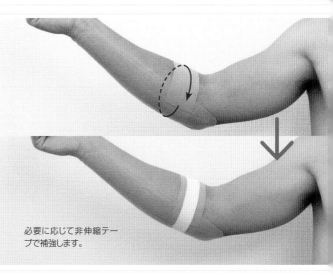

必要に応じて非伸縮テープで補強します。

過伸展
「逆関節」の動きを強く制限する

動画を CHECK

症 状

ヒジを伸ばして手をついたとき、ヒジ関節が可動域を超えて伸ばされてしまうことがあります。これを過伸展と言います。ヒジが逆側に折れて、伸ばそうとしたときに痛みを感じるので、痛みを感じない範囲にヒジの動きをテープで制限して対応します。

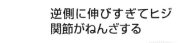
逆側に伸びすぎてヒジ関節がねんざする

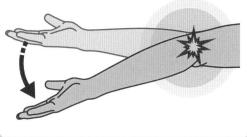

ポジション

腕を軽く上げ、痛みを感じるヒジの角度を確認します。それより少し曲げておくのがテーピングのポジションです。手は軽く握り、上腕と前腕の筋肉を緊張させた状態で巻きます。

使用テープ

◉ 伸縮テープ
幅50mm

◉ 伸縮テープ（ハンディカットタイプ）
幅50mm

テープの巻き方

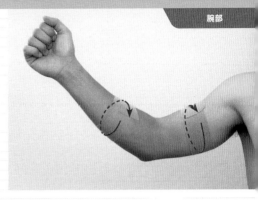

1 アンカー
▸▸▸P22

ヒジを挟むようにして、前腕と上腕にアンカーを巻きます。前腕は太い部分の少し手首寄り、上腕は力こぶの少し肩寄りに一巻します。

2 縦サポート
▸▸▸P29

ヒジを曲げた状態で、前腕のアンカーから上腕のアンカーに向かって、ヒジの中央を通るように縦サポートを巻きます。

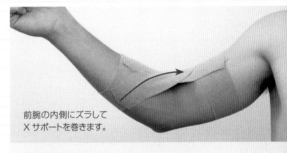

3 Xサポート
▸▸▸P28

縦サポートからテープの幅の分だけ内側にズラして、前腕部のアンカーから始めてヒジ関節の中央で交差させ、上腕部のアンカーまで巻きます。もう1本は、縦サポートからテープの幅分、外側にズラした位置から始めてヒジ関節中央で交差させ、上腕部のアンカーまで巻きます。

前腕の内側にズラしてXサポートを巻きます。

2本目は外側にズラしてXサポートを巻きます。

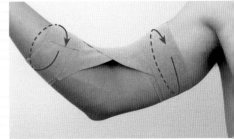

4 アンカー
▸▸▸P22

サポートテープが剥がれないよう、前腕と上腕に仕上げのアンカーを巻いて固定します。それぞれ1のアンカーより、ややヒジから離した位置に巻きます。

※最後に、前腕から上腕へ向かって 1/2 ～ 1/3 ずつズラしながらオーバーラップを巻きます。

応用 スプリットテープで過伸展を制限

過伸展の症状が比較的軽い場合は、痛みを防ぐ処置として、幅50mmまたは75mmの伸縮テープを使い、両端をスプリットにしてアンカーに巻きつける方法があります。ヒジの伸びに対する制限も緩やかなため、ヒジを動かしやすくなります。痛みの程度に応じてP199のテーピングと使い分けましょう。

使用テープ

◉伸縮テープ
幅50mm
または75mm

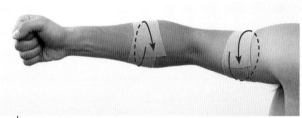

1 前腕部と上腕側に一巻きずつアンカーを巻きます。
※P199参照。

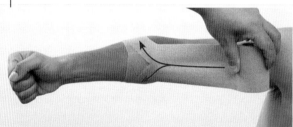

2 伸縮テープの端に10cmほど切り込みを入れ、前腕のアンカーに巻きつけます。

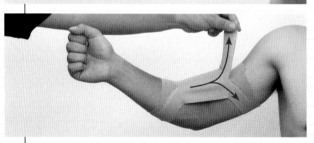

3 ヒジを軽く曲げた状態で、テープを引っ張りながら巻きます。逆の端にも切り込みを入れ、上腕のアンカーに巻きつけます。

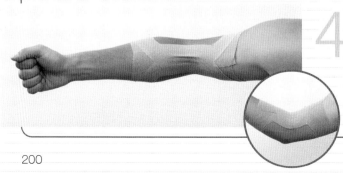

4 スプリットテープの中央の部分が、ヒジ関節の真上にくるようにします。最後にオーバーラップで中央を押さえます。

応用 フィギュアエイトで強化

P200の過伸展制限のテープの上から、フィギュアエイト（P34）を巻くことで制限力を高めることができます。ハンディカットタイプの伸縮テープを使いますが、ポイントは「8の字」をヒジの内側の中央で交差させることです。症状が軽い場合は、このテーピングだけで対処することが可能で、自分でも簡単に巻けます。

使用テープ

◉ **伸縮テープ**
（ハンディカットタイプ）
幅50mm

1 P200の通常の過伸展制限のテーピングを巻きます。症状が軽い場合は省略してもOKです。

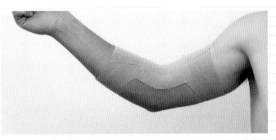

2 前腕のアンカーの位置に一巻きしてから、ヒジの関節の中央を斜めに横切ります。

3 上腕側で一巻きします。テープが途中で切れても、適当な位置から続ければ問題ありません。

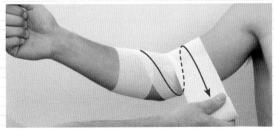

4 前腕に戻るときも、ヒジの中央を通るように「8の字」を描きます。ヒジの伸びを抑えるためにある程度の張力が必要ですが、締め付けに注意します。

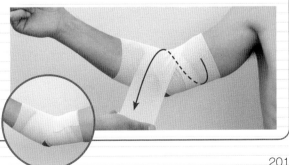

手首と指の構造

小さな骨がたくさん集まって構成されているのが、手首や指です。
細かな動きができるということは、構造もそれだけデリケート。傷
つきやすかったり、ケガをしやすいとも言えるのです。テーピング
はその不安を取り除き、傷害の悪化を防ぐために活用しましょう。

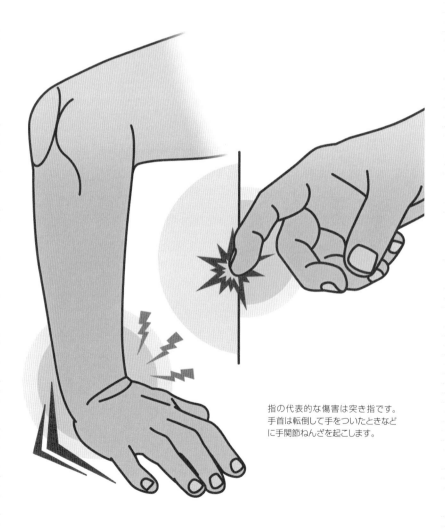

指の代表的な傷害は突き指です。
手首は転倒して手をついたときなど
に手関節ねんざを起こします。

骨も多くデリケートな指と手首は
正しいテーピングで補助する

指先を構成する指骨は、指の付け根側から基節骨、中節骨、末節骨と連なりますが、親指には中節骨がないため合計14になります。手のひらにあるのは5本の中手骨で、その根元には、4個×2列の手根骨が並びます。手根骨と前腕の尺骨、橈骨とで手首(手

関節)を構成しています。**手首と指の傷害**でよくある症状は、手指では突き指、母指腱鞘炎。手首では掌屈・背屈や、親指側や小指側に折り曲げてしまったときに生じる手関節ねんざがあります。非常に繊細な部位ですので、正しいテーピングをしましょう。

手首と指の仕組み

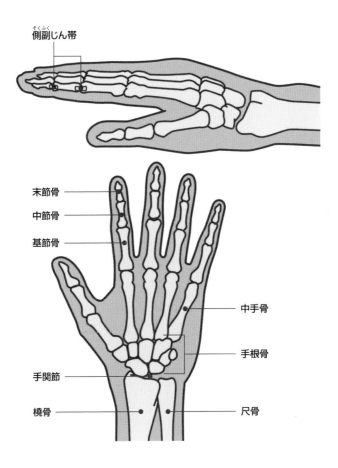

側副じん帯

末節骨

中節骨

基節骨

中手骨

手根骨

手関節

橈骨

尺骨

手首のねんざ
1人でもできる全方向を制限するテーピング

動画を CHECK

症　状

手首のねんざは、日常生活の中でも転倒した際に強く手をついたりしたときなどに起きます。手首に強い衝撃が加わると、力を受ける向きにかかわらず、どの方向に対してもねんざを起こす可能性があります。ここでは、全方向に効くテーピングを紹介します。自分で巻くこともできますが、張力を強くかけすぎないように注意しましょう。

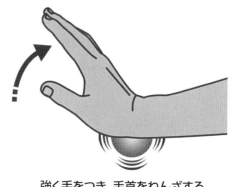

強く手をつき、手首をねんざする

ポジション

手の指を開いて台に置きます。腱を緊張させた状態でテープを巻きます。指の動きの違和感や循環障害を防ぐために、必要以上に締め付けないようにしましょう。

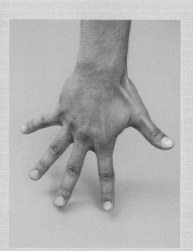

使用テープ

⊛非伸縮テープ
幅38mm

テープの巻き方

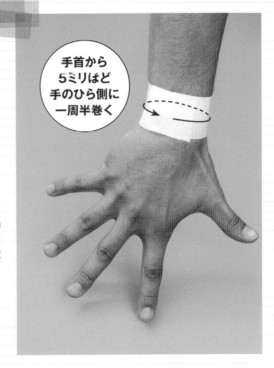

手首から
5ミリほど
手のひら側に
一周半巻く

1 サーキュラー ①

▶▶▶P32

手首をテープでおおいます。
手の付け根のシワより5mm
ほど手のひらに寄ったところ
に、テープの端をかけた位置
から巻き始めます。

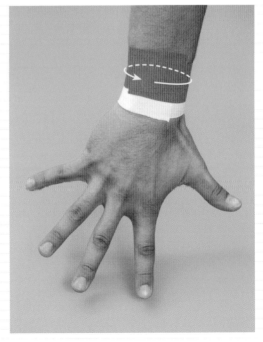

2 サーキュラー ②

▶▶▶P32

2本目は、1cmほどヒジ側
にズラして巻きます。

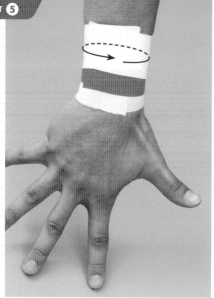

3 サーキュラー③
▶▶▶P32

3本目は、2本目よりさらに1cm
ほどヒジ側にズラして巻きます。

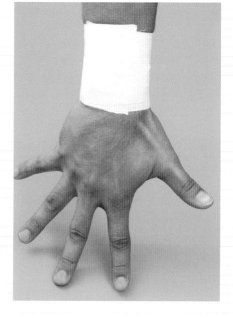

4 サーキュラー④
▶▶▶P32

1本目の位置にさらに1、2本テー
プを重ねると、制限がより強
くなります。

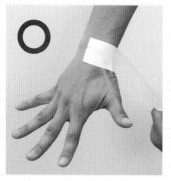

テープをロールから引き出し伸
ばした状態で、張力をかけずに
巻きます。

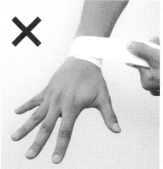

ロールから引き出す力で引っ張りながら巻く
と、締め付けがきつくなります。

巻き方のコツ

テープを必要以上に引っ張らない

テープをロールから引
き出すときに、引っ張
りながら巻くと、必要
以上に張力が強くなり
すぎてしまいます。テ
ープをある程度引き出
しておき、手首に巻く
と良いでしょう。

応用 背屈制限のテーピング

動画をCHECK

転倒時に手をついて手首が甲側に曲がってしまうなど、背屈したときに痛みが出るねんざがあります。この症状には、背屈を制限するために手のひら側に 50mm の伸縮テープを巻くと良いでしょう。制限の強さは「テープの引っ張り加減」「テープの本数」「手首の角度」で調整できます。

使用テープ

⦿ 伸縮テープ 幅 50mm
⦿ 伸縮テープ（ハンディカットタイプ）
　幅25mmまたは50mm

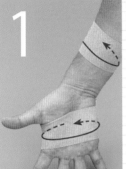

1

指を開いて、少し手のひら側に手首を折り曲げます。

前腕部のアンカーは手の付け根の10cm程度上に巻きます。手のアンカーは、手のひらを横切るように巻きます。

2

手のアンカーの小指側と人差し指側から、手首の中央で交差するように前腕のアンカーへ向かって巻きます。

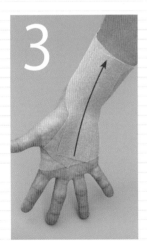

3

手のひらの中央から指関節の中央を通り、真っすぐ前腕のアンカーへ巻きます。

4

1と同じ位置に、仕上げのアンカーを巻きます。

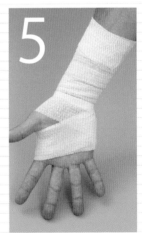

5

ハンディカットタイプの伸縮テープを使い、オーバーラップを手から腕に向かって巻きます。

応用 掌屈制限のテーピング

手の甲を強くついて手首が手のひら側に曲がってしまうなど、掌屈したときに痛みが出ます。この症状には、手の甲側に50mmの伸縮テープを巻いて掌屈を制限します。背屈制限と同様に掌屈制限のテープを巻くときは、指は軽く開き、制限する方向と逆に軽く曲げておくと制限が強くなります。

使用テープ

⊙ 伸縮テープ
幅50mm

⊙ 伸縮テープ
（ハンディカットタイプ）
幅25mmまたは50mm

動画を
CHECK

1　　　2　　　3

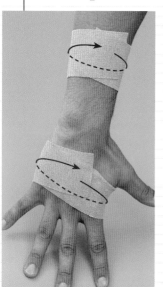

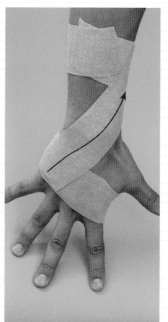

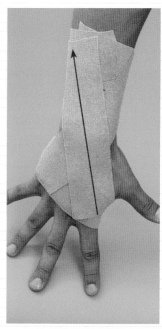

アンカーは、手の付け根から10cm程度上（前腕）と、手のひらの上に一巻きします。

手のアンカーの小指側から斜め上にXサポートを巻きます。手首は甲側に軽く曲げておきます。

手のアンカーの人差し指側から腕の外側に向かって、2と手首の真ん中で交差するように巻きます。

親指側の端をつまんで 折ると巻きやすい

手のアンカーを巻くときは、親指と人差し指の間を通す際に親指側の端をつまんで折り、テープ幅を細くすると余計なシワができず、きれいに巻くことができます。

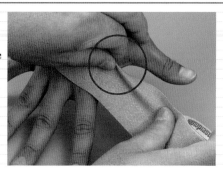

4

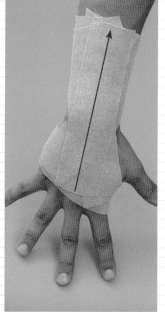

必要に応じて、中指の付け根から真っすぐ縦サポートを巻き、バタフライにします。

5

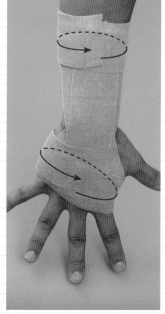

1と同じ位置に、仕上げのアンカーを巻いて固定します。

6

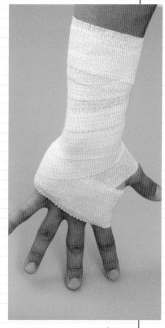

ハンディカットタイプの伸縮テープで、手のひらから腕に向かってオーバーラップを巻き上げます。

慢性化した手首のねんざ

掌屈、背屈を制限するフィギュアエイト

動画をCHECK

症　状

手首のねんざでは、背屈と掌屈のどちらか一方で痛みが出るものです。しかし、慢性化した状態では、どの方向への動きに対しても痛みが出るケースがあります。このようなときは、伸縮テープを使ったフィギュアエイトを巻くことで、動きを制限できます。より強く制限したい方の反対側に手首を軽く曲げ、曲げた方でテープを「8の字」に交差させます。

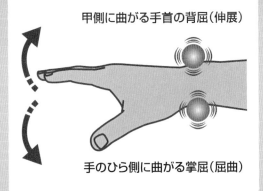

甲側に曲がる手首の背屈（伸展）

手のひら側に曲がる掌屈（屈曲）

ポジション

指を広げて台に置き、手首は、より強く制限を加えたい方向とは逆に曲げます。例えば、手のひら方向に曲げたくない場合は、手の甲側に曲げます。

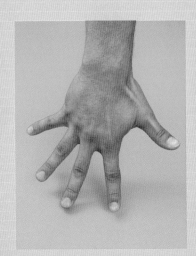

使用テープ

◉ 伸縮テープ
　幅50mm

テープの巻き方　フィギュアエイト「掌屈制限の巻き方」

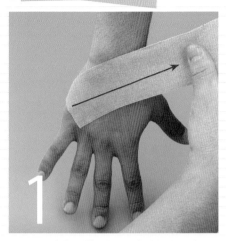

手の甲の小指の付け根から巻き始め、手の甲をクロスして親指の付け根に向かいます。

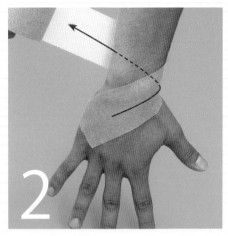

手の付け根の親指側で手のひら側に折り返します。テープが手首を通るようにします。

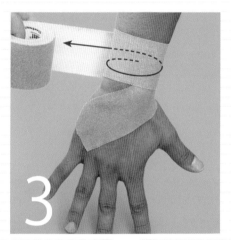

手首を一巻きします。きつく締めすぎて、しびれが出ないように注意します。

手の付け根の小指側から手の甲に折り返し、手の甲で「8の字」を描くように交差させます。

指先を、テープを巻く人のお腹に当ててもOK

テープを巻くとき、テープを巻く人のお腹に指先を当てた状態で巻いてもOKです。腕が安定して巻きやすくなります。

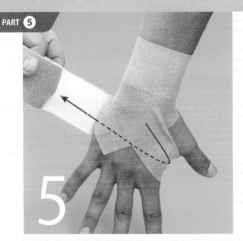

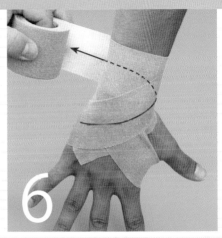

5 親指と人差し指の間で、手のひら側に折り返し、手のひらを横切ります。

6 小指の付け根で折り返し、手の甲をクロスして、親指の付け根から手のひら側の手首へと進みます。

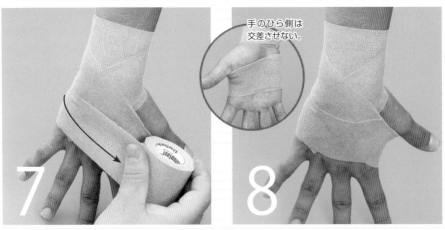

手のひら側は交差させない。

7 必要に応じて、今までと同じ要領で、手の甲で交差しながら「8の字」を繰り返して巻きます。

8 最後は、親指と人差し指の間から手のひらを横切り、手の甲まで水平に巻きます。

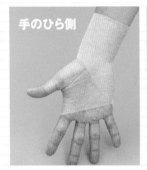

手のひら側

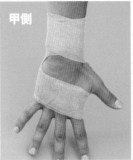

甲側

巻き方のコツ

背屈を制限する場合の巻き方

背屈を制限したい場合は、P211の巻き方で手のひらから始め、手のひら側で「8の字」を交差させて巻きます。甲側はテープを交差させないようにします。

応用 手のねじれを制限する

前腕の動きのうち、親指を上にした状態から手のひらを下に向ける動きが回内です。円回内筋や方形回内筋が働きます。手のひらを上に向ける動きは回外で、回外筋と上腕二頭筋が働きます。尺骨と橈骨にトラブルがあると、こうした動きで痛みが出ます。この場合、筋肉サポートテープを筋肉に沿って貼り、補強していきます。

使用テープ

⊙ 筋肉サポートテープ 幅50mm

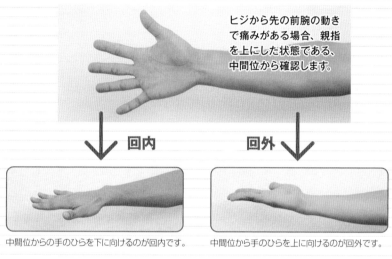

ヒジから先の前腕の動きで痛みがある場合、親指を上にした状態である、中間位から確認します。

回内 ↓	回外 ↓

中間位からの手のひらを下に向けるのが回内です。

中間位から手のひらを上に向けるのが回外です。

↓ ↓

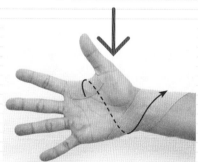

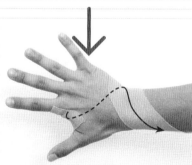

回内で痛みが出る場合、親指と人差し指の間から手の甲へ貼り始め、手の甲を通って、手関節の小指側を通り、らせん状に前腕の途中まで貼ります。

回外で痛みがある場合、親指と人差し指の間から、手のひらに向かって貼り始め、手のひらを通って、手関節の小指側から手の甲側に回り、手首を横切ってらせん状に前腕の途中まで貼ります。

突き指の痛み
指の痛みを抑えるテーピング

動画を
CHECK

症　状

突き指は、指に強い力が加わって起こる外傷の総称です。末節骨、中節骨、基節骨の間の関節で起こり、腱の損傷や剥離骨折が起きている場合もあるので、むやみに引っ張るのは良くありません。指の第一関節の突き指は、曲がったまま戻らなくなるため槌指と呼ばれ、第二関節はとくに小指で脱臼や骨折が起きやすいです。指によってテーピングの仕方が違いますが、動きの制限と固定という目的は共通です。

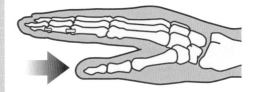

親指と他の指は構造も処置も異なる

指に強い力が加わって起こる外傷

ポジション

手首から指先までの力を自然に抜き、処置をする指を軽く伸ばした状態でテープを巻きます。

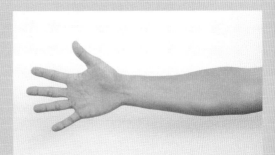

使用テープ

◉非伸縮テープ
幅19mm

◉伸縮テープ（ハンディカットタイプ）
幅25mmまたは50mm

テープの巻き方　親指を手のひら側に曲げると痛む

親指を手のひら側に曲げると痛い場合、内転という動きを制限するテープを巻きます。テープは適度な長さを引き出して巻くことで、締めすぎを防ぐことができます。

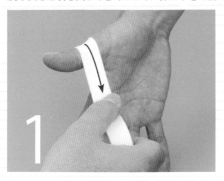

親指の付け根に非伸縮テープを一周巻きます。アンカーの役目を果たしますが、テープを途中で切らずに巻き続けます。

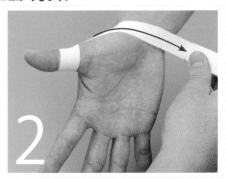

手の甲側を通って、手のひら側の付け根のシワに沿って手首を横切ります。

手の甲側に進み、そのまま手首を周回して、手のひら側の親指の付け根を巻きます。

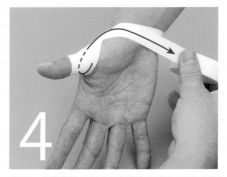

親指の付け根を一周して、手の付け根のシワに沿って手首を一周します。

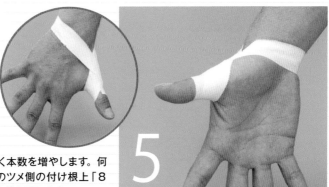

最後に、ハンディカットタイプの伸縮テープを使い、オーバーラップを巻いて仕上げます。

必要に応じて巻く本数を増やします。何周しても、親指のツメ側の付け根上「8の字」のように交差を重ねます。

テープの巻き方　親指が手のひらから離れると痛む

親指が手のひらから離れる方向に動くと痛い場合、外転という開く動きを制限するテープを巻きます。始点と「8の字」の要領は内転制限（P215）と同じですが、手首側のテープは手関節をまたがずに巻いていきます。

動画をCHECK

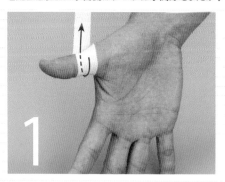

1 親指の付け根から巻き始めます。まずは、付け根の甲側から一巻きします。

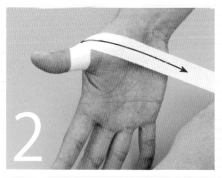

2 親指の付け根から手のひら側に巻いていき、手首のシワより手のひら側で横切ります。

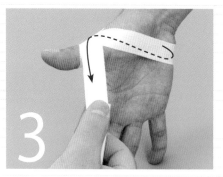

3 手の甲も手首のシワより甲側に巻き、親指の付け根から親指の腹側の付け根に巻きます。

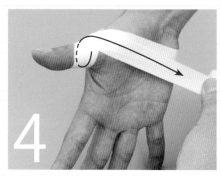

4 親指の付け根を一周して、再度手のひらへ進み、一周目より少し内側にズラして巻いていきます。

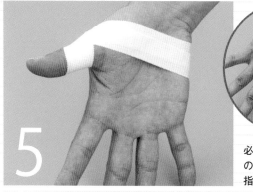

5 必要に応じて、巻く本数を増やします。手のひらと甲の巻く位置を、手の付け根より指先側にすることで、外転制限となります。

応用 親指以外の突き指

親指以外の指の突き指の対処は、痛めた関節が曲がらないように制限します。非伸縮テープの幅13mmを使い、指の関節の横をサポートし、人工のじん帯として巻きます。Xサポート（P28）と縦サポート（P29）を組み合わせたバタフライテープを作り、巻きます。

使用テープ

◉非伸縮テープ
幅13mm

1　痛めた関節の横に、斜めにXサポートを巻いていきます。

2　痛めた関節の真横で交差するように、Xサポートを重ねます。

3　Xサポートの交差する位置に合わせて、縦サポートを重ねて巻きます。

4　サポートテープの両端を始末するため、指を周回する仕上げのアンカーを巻きます。

巻き方のコツ　バタフライテープ

テープを3cmほどの長さに3本ずつ切って、Xサポートと縦サポートを組み合わせ、バタフライの形にしたテープをあらかじめ作り、それを指関節の両サイドに巻いてからアンカーを巻きます。処置する指が多い場合などに、手際よく作業を進められます。

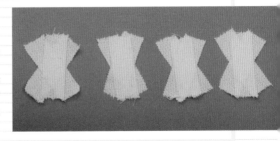

応用 突き指が慢性化

突き指が慢性化して痛む場合の巻き方です。それぞれの指の独立した動きをある程度確保しながら、痛みのある指が必要以上に動かないよう保護します。痛めた指の外側の指とつなげて巻いて添え木替わりにしますが、小指の場合は薬指とつなぎます。

使用テープ

◉ 非伸縮テープ
幅13mm

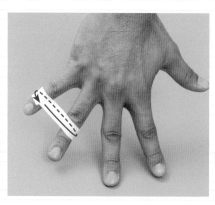

1 指を開いた状態で、痛む指とその外側の指をつないで、周回します。

2 指と指の間の部分は、両側から挟んでくっつけます。

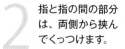

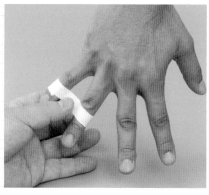

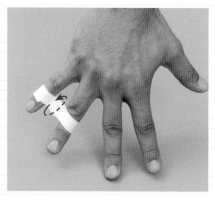

3 くっつけた部分に、テープを巻きつけて完成です。

応用 親指の腱鞘炎

腱鞘、つまり腱のサヤは、腱が関節をまたぐ場所にあり、腱が定位置に収まるように押さえるベルトとの摩擦を防ぐ役割を果たしています。親指を立てるように動かすと、腱とベルトとの摩擦が起きて痛みを発生します。これが腱鞘炎です。そこで、親指を立てる動きを筋肉サポートテープで補助すると楽になります。

使用テープ

◉ **筋肉サポートテープ**
幅38mm
または50mm

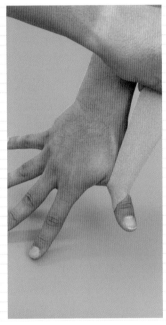

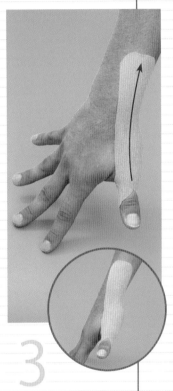

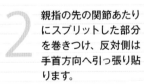

1 テープを長さ15cmくらいに切り、先端に3cmほど切り込み（スプリット）を入れます。

2 親指の先の関節あたりにスプリットした部分を巻きつけ、反対側は手首方向へ引っ張り貼ります。

3 親指の腱をおおうように、親指の根元から手首の先まで貼りつけます。

Column ❹

パッドの活用法

患部に直接の圧力が加わらないようにクッション（除圧）の
役目をするのがパッドです。患部に再度外力がかかった際の
再受傷や、不安感を軽減させることが目的です。

使用テープ＆道具

◉ **伸縮テープ**
（ハンディカットタイプ）
幅50mm

◉ **アンダーラップテープ**
幅70mm

◉ **伸縮テープ**
幅75mm

◉ **パッド**（スポンジ製）

大腿四頭筋

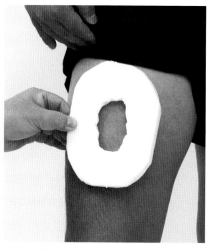

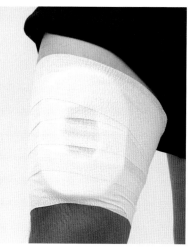

1 打撲をしたところにパッドが当たらないよ
うにくり抜き、痛みのない健常な部位にパ
ッドを当てて固定します。

2 ハンディカットタイプの伸縮テープで
パッド全体をおおいつくすように巻い
ていきます。

肩鎖関節

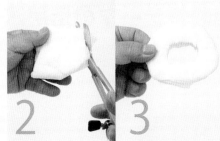

競技現場などでパッドを作る際、パッドが手元にない場合は、アンダーラップテープで代用できます。アンダーラップテープを何重か指に巻きつけた後、ハサミで角を落として中をくり抜きます。

患部にパッドを置いて伸縮テープでパッドをおおうように巻いていきます。

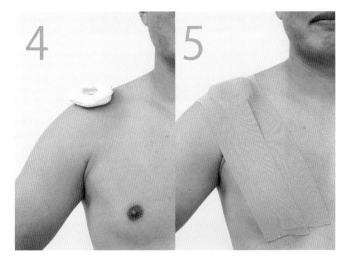

前腕部

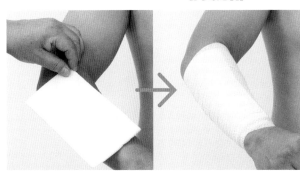

コンタクト競技で打撲しやすい箇所などに、予防目的のためにパッドを活用できます。サッカーのスネに入れるレガースと同じように部位へのダメージを軽減します。もちろん打撲をした後に固定をするうえでも効果的です。

Column ❺

自着性テープの活用法

眼瞼部や耳、頭部への傷害予防で使われるテーピングです。自着性テープとは、肌には貼りつかずテープ同士のみが接着します。髪の毛のある頭部に巻くときに剥がしやすいといったメリットがあります。

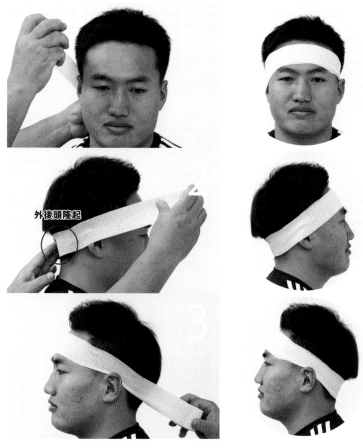

外後頭隆起

テープが肌に接着しないため頭の上方向に抜けやすくなります。それを防ぐために後頭部の突起（外後頭隆起）の下にテープを通し引っ掛けるように巻くのがポイントです。耳への傷害予防のためにおおう場合もありますし、耳を出す場合もあります。耳を出す際にはテープを折って巻くのがいいでしょう。耳をおおう場合でも耳の穴を塞がないように音が聞こえるようにしておきましょう。

カリフラワーイヤーの予防

柔道やレスリング、ラグビー競技で、耳に打撲や激しい摩擦を受けた際に、カリフラワーイヤーという外傷になります。外傷予防のために、粘着性の強い伸縮包帯（皮膚保護用テープ）を用います。

粘着性の強い伸縮包帯（皮膚保護用テープ）を耳の形にカットします。耳の皮膚に合わせてテープを貼りつけます。皮膚の摩擦が軽減できる予防テーピングです。

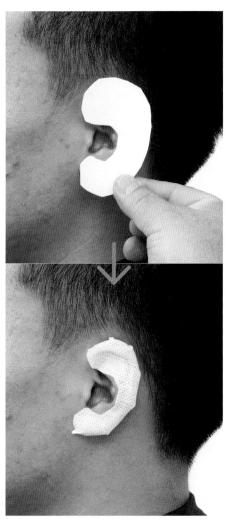

著 者

石山修盟 いしやま・しゅうめい
アスレティックトレーナーマスター
1961年9月30日生まれ。日本体育大学体育学部卒業後、株式会社ナイキジャパンにアスレティックトレーナーとして入社。日本鍼灸理療専門学校、日本柔道整復専門学校にて修学。筑波大学大学院体育研究科健康教育学専攻を修了。体育学修士取得。2001年リニアート設立、2004年に退任。2005～2008年、仙台大学体育学部で准教授、2018年より日本体育大学保健医療学部整復医療学科の准教授として教鞭を執る。1991年世界陸上競技選手権東京大会、1992年バルセロナオリンピック陸上競技のトレーナーとして帯同。他にも、ラグビーW杯日本代表のトレーナーとして長きにわたって活躍。チームサポートは、能代工業高校バスケットボール部（1984～2012年）、サントリーラグビー部（2000～2003年）。元JOC強化スタッフトレーナー、JSPO公認アスレティックトレーナーマスター。主な著書・監修書に『誰でもできる スポーツテーピング』（成美堂出版）、『ケガを防ぐ ひとりで巻けるテーピング』（日本放送出版協会）等がある。

モデル

| 宇賀神奈央 | 滝田陽介 | 金井里央 | 小泉敦也 | 金築このみ |

◎**スタッフ** 編集▶城所大輔（多聞堂）・浅井貴仁 執筆▶長沢潤 デザイン▶シモサコグラフィック イラスト▶庄司猛 撮影▶清野泰弘・天野憲仁（日本文芸社） 校正▶有限会社玄冬書林
◎**協 力** 株式会社ナイキジャパン

★本書は2015年10月発行『正しく効果的に巻ける！ テーピングの新しい教科書』（小社刊）を加筆・訂正し、再編集したものです。

かいていばん ただ こうかてき ま
改訂版 正しく効果的に巻ける！
あたら きょうかしょ
テーピングの新しい教科書

2023年3月10日 第1刷発行
2024年3月10日 第2刷発行

著 者 石山修盟
発行者 吉田芳史
印刷所 図書印刷株式会社
製本所 図書印刷株式会社
発行所 株式会社日本文芸社
〒100-0003 東京都千代田区一ツ橋1-1-1 パレスサイドビル8F
TEL 03-5224-6460（代表）
Printed in Japan 112230222-112240304№02 （210111）
ISBN978-4-537-22086-5
URL：https://www.nihonbungeisha.co.jp/
©Shumei Ishiyama 2023
（編集担当：菊原）

内容に関するお問い合わせは、
小社ウェブサイトお問い合わせフォームまでお願いいたします。
https://www.nihonbungeisha.co.jp/